中国学前教育研究会
"十三五"课题"基于'主动学习'的幼儿园园本课程构建与实施的研究"
研究成果（项目批准号：G20180060）

与**幼儿**一起**主动学习**

学前儿童主动学习关键发展指标的建构及教师支持策略研究

陈雅川　著

教育科学出版社

·北京·

出 版 人　郑豪杰
责任编辑　孙冬梅
版式设计　思瑞博　杨玲玲
责任校对　马明辉
责任印制　李孟晓

图书在版编目（CIP）数据

与幼儿一起主动学习：学前儿童主动学习关键发展
指标的建构及教师支持策略研究 / 陈雅川著. —北京：
教育科学出版社，2024.1
　ISBN 978-7-5191-3598-0

　Ⅰ.①与…　Ⅱ.①陈…　Ⅲ.①学前教育－教学参考资
料　Ⅳ.①G613

　中国国家版本馆CIP数据核字（2023）第239364号

与幼儿一起主动学习——学前儿童主动学习关键发展指标的建构及教师支持策略研究
YU YOU'ER YIQ I ZHUDONG XUEXI——XUEQIAN ERTONG ZHUDONG XUEXI GUANJIAN FAZHAN ZHIBIAO DE JIANGOU JI JIAOSHI ZHICHI CELÜE YANJIU

出 版 发 行　教育科学出版社
社　　　址　北京·朝阳区安慧北里安园甲9号　　邮　　编　100101
总编室电话　010-64981290　　　　　　　　　编辑部电话　010-64989395
出版部电话　010-64989487　　　　　　　　　市场部电话　010-64989572
传　　　真　010-64891796　　　　　　　　　网　　址　http://www.esph.com.cn
经　　　销　各地新华书店
制　　　作　北京思瑞博企业策划有限公司
印　　　刷　保定市中画美凯印刷有限公司
开　　　本　720毫米×1020毫米　1/16　　　版　　次　2024年1月第1版
印　　　张　12　　　　　　　　　　　　　　　印　　次　2024年1月第1次印刷
字　　　数　165千　　　　　　　　　　　　　定　　价　42.00元

图书出现印装质量问题，本社负责调换。

序

辛卯到癸卯，转眼十二载，见证着我与雅川同甘苦、共奋斗的师生之情。如今看到雅川的博士论文即将付梓，喜悦之情难以言表，迎难而上、努力拼搏的记忆涌上心头。

清晰记得雅川于 2011 年考入北京师范大学攻读博士学位，成为我的博士研究生。入学当年，她便跟随团队开展高瞻课程系列成果引进及推动其本土化的各项工作，系列成果既为学界同人提供了参考借鉴与批评指正的抓手，也为整个团队多年以来对学前儿童学习品质的持续关注、默默耕耘和深入研究奠定了基础。团队中有多位博士研究生、硕士研究生都先后投入到学习品质的内涵要素及培养策略的研究探索之中，这其中就包括雅川以"学前儿童主动学习"为专攻方向的博士论文。在参与团队工作期间，雅川就已经表现出突出的学术研究品质和学术研究潜质，严格要求自己按时完成博士论文，论文送审后得到了领域内专家的充分认可，并获得了 2015 年"北京师范大学优秀博士学位论文"的荣誉。博士毕业后，雅川毅然离开了学习和生活了十几年的北京，举家南下珠海，在南国北师开始了她的新征程，身处粤港澳大湾区腹地、紧邻港澳的珠海也为雅川提供了广阔的天地。带着当初的研究成果，雅川投身到了学前教育领域的最前沿，这些年在深入研究儿童学习品质的探索中，她一边在教学科研上潜心深耕，一边在理论和实践中积累经验。虽然平日我与雅川远隔千里，但是师生之间的情谊却愈加紧密。近年来，雅川在担任北京师范大学珠海分校儿童教育系主任期间，筹备组建了粤港澳大湾区学前教育研究院，身体力行为我们团队的研究成果和自己的学术理想能在大湾区生根、发芽、开花而不懈努力。无论岁月如何流转，只要身处大湾区，我们师徒总能携起手来，始终朝着心中的目标坚定前行。其间，我见证了她的成长，更清楚她所付出的努力和所经历的艰辛。但我也一直在鼓励雅川要将自己的学术成果结合最新的理论研究及实践经验形成专著并出版。耕耘终会收获，从攻读博士到任教南国北师，历经十几年的孜孜不倦和笔耕不辍，雅川在当年优秀博士论文的基础之上，又经过近十年的钻研和实践，终于完成了现在这本关于学前儿童主动学习关键指标构建与教师支持策略的专著。

如果让我评论这本书，我认为，可以从三个方面把握其重要价值。

首先，是要肯定这本书的学术价值。该书以主体间性理论和过程哲学作为逻辑起点，尝试从理论角度深入解读学前儿童主动学习的内涵，并形成学前儿童主动学习关键发展指标；从教师和学前儿童共为幼儿园教育双主体的角度设计、开发了教师支持学前儿童主动学习的过程机制。通过梳理众多理论流派对学前儿童主动学习的相关论述，解析了学前儿童主动学习的内涵，在理论层面揭示了学前儿童主动学习的结构特征和关键指标的指向，拟定了学前儿童主动学习的基本维度。本书以学前儿童主动学习为核心内容，对学前儿童主动学习的内涵、构成要素、教师支持路径和方法等问题进行了探索，为教师支持儿童主动学习的教育实践提供了理论依据。

其次，是要肯定这本书的实践价值。应该说，幼儿园教师易于从理念层面树立"儿童为本""主动学习"的价值取向，但在实践层面如何处理教师与学前儿童的双主体关系，如何唤醒、激发与支持学前儿童的主动学习，在知识爆炸的信息时代、数智时代，如何帮助教师评估学前儿童自发学习的水平、积极学习品质的涵养程度等仍然是重点、难点问题。从这个意义上讲，该书借助"关注—识别—支架"的研究路径，在实现了支架学前儿童主动学习的同时，提升了教师儿童研究与支持的能力，促成了一种融合"儿童立场"和"教师立场"课程方案的形成；该书通过收集学前儿童主动学习的行为表现，提炼关键发展指标，划分发展阶段，补充典型行为示例，形成了学前儿童主动学习关键发展指标体系，为区教研员、幼儿园、幼儿园教师支持与评估学前儿童主动学习提供了重要工具和指标参考。

最后，应把握这本书的政策落地价值。在贯彻落实"完善普惠性学前教育保障机制""建设高质量教育体系""全面提升幼儿园保教质量与水平"的部署要求，进一步"推进学前教育普及普惠安全优质发展"的背景下，培养学前儿童主动学习的能力与品质、提升幼儿园教师队伍支架与评估学前儿童主动学习的能力与水平至关重要。《3—6岁儿童学习与发展指南》(以下简称《指南》)说明部分的第4点中的第4条明确指出"重视幼儿的学习品质。要充分尊重和保护幼儿的好奇心和学习兴趣,帮助幼儿逐步养成积极主动、认真专注、不怕困难、敢于探究和尝试、乐于想象和创造等良好学习品质","积极主动"是学习品质的重要组成部分;《教育部关于大力推进幼儿园与小学科学衔接的指导意见》(以下简称《指导意见》)的《幼儿园入学准备教育指导要点》中从"身心准备、生活准备、社会准备和学习准备"四个方面的不同角度对学前儿童提出了积极主动的要求;《幼儿园保育教育质量评估指南》(以下简称《评估指南》)中要求教师要"充分尊重和保护幼儿的好奇心和探究兴趣,相信每一个幼儿都是积极主动、有能力的学习者,最大限度地支持和满足幼儿通过直接感知、实际操作和亲身体验获取经验的需要"等。从这个意义上讲,该书是对《指南》《指导意见》和《评估指南》等政策要求的落地实践。

接下来,我想从三方面谈一下该书的主要特色和涵盖之中的创新之处:**第一**,研究问题的选择和研究思路的设计具有创新性。研究从理论角度解析了学前儿童主动学习的内涵实质,据此又从实证角度建构了学前儿童主动学习关键发展指标,为教师支持儿童主动学习的教育实践提供了理论依据。**第二**,支持策略为幼儿园教师培养学前儿童的主动性提供了参考。研究借助行动研究与幼儿园教师展开合作,在验证理论假设的同时,根据反馈进一步修正和完善策略体系,使建构的关键发展指标和Z型教研模式成为教师支持儿童主动学习的重要工具和路径参考。**第三**,研究成果在研究范式、教师教育研究等方面具有生态学效度。研究通过基于设计的研究范式,在完成理论研究的基础上,还推动了旨在改进和提升教师支持儿童主动学习的应用研究,引导教师在亲身参与研究的过程中,提高反思能力和实践能力,在研究中发现问题,解决问题。

精益求精,行远自迩。该书在取得以上成果的同时,我认为还可以从以下几个方面开展后续研究:可考虑编制结构化量表,通过大样本数据分析与量表修正,形成一个具有较高信效度的标准化测量工具;关注支持策略对不同专业发展阶段教师的差异化影响,进一步拓展研究结果的可推广性。期待雅川以此次出版为新征程的新起点，继续以逢山开路、遇水搭桥的开拓精神，不畏艰难、勇攀高峰的坚毅精神勇毅前行，我相信雅川会在将来的学术道路和人生道路上追求更多突破，我也期待那一天的到来。

最后，衷心祝贺雅川的博士论文出版。

是为序。

霍力岩

2023 年 9 月于北京师范大学

目 录

图目录

表目录

第 1 章

学前儿童的主动学习为什么值得关注

一、问题缘起

（一）来自各方的呼吁：主动学习是时代发展的客观要求

在知识经济时代，科学技术突飞猛进，各国之间的竞争也日趋激烈。同时人类如何与自然长期和谐地相处，也是摆在我们面前的现实课题。在这种情形下，可持续发展成为我们的必由之路。而人作为可持续发展战略的核心因素，需要具备最基本的可持续发展能力，而主动学习是可持续发展能力光谱中的重要一项。

1. 信息时代与新经济时代呼唤自主学习与终身学习

在信息网络时代，由于知识增量的加速，过去的记忆性任务已逐渐被个性化信息云所取代，知识外储化趋势令记忆式学习遭受了致命打击，汲取知识的能力已不是未来社会选择人才的关键。相反，随着社会的快速变迁，知识资源的再现性和共享性使得自主学习能力日益受到重视。一个人是否具有学习能力和创新能力，是否可从海量知识库中学会选择知识并理解知识，从而不断产生新的思想，成为选择人才的重要标准。

此外，新经济时代生产力的发展已由过去的依赖人力、能源、资本，走向日益依赖科学技术的创新。当人们面临知识不断更新、工种频繁更换的考验时，具备主动学习素养的学习者能够对自己的学习进行更有效的控制，包括自主地设定学习目标，主动地获取学习内容、选择学习方法、调整学习过程，从而及时、准确地获取并辨别、处理外界信息，以实现更好的自我导向。可以看出，现代社会需要的是具有自主学习能力、创新能力和适应能力的人才，而主动学习正是信息处理能力、问题解决能力、适应能力，特别是创新能力的基础，主动学习已经成为新经济时代每个社会成员的基本生存能力。

在知识更新仍在以前所未有的速度不断加速的社会里，那种将教育局限于人生一定时期、一劳永逸的维持性学习已成为过去，学习势必成为贯穿终生的事情。人类需要不断进行"充电"，持续更新知识储备，成为真正意义上的终身学习者。

2. 促进儿童主动学习是国际教育改革的共同目标

为了适应未来社会发展的现实需要，教育应培养能够自主学习、形成主动学习品质的人。从当前国内外教育改革的发展态势来看，教会学生如何学习，引导和支持学生独立、自主地发展已成为全球教育界的共识。

美国全国科学教育标准与评价委员会（National Committee Science Education Standards and Assessment，NCSESA）于 1996 年初推出了美国历史

上第一部国家科学教育标准，其中特别强调了学生主动积极参与学习的能动过程。日本基础教育阶段的课程改革方向同样也指向了主动学习，明确指出要"培养儿童自主学习的积极性和独立适应社会变化的能力"。日本在 1996 年颁布的《21 世纪日本教育发展方向》咨询报告中提出，今后孩子们必须做到的是，无论社会如何变化，能够自己发现问题，自我思考，主动判断和行动，具有较好的问题解决素质和能力，并且善于自律，为他人着想，与他人协调，感情丰富和充满人性。❶

我国适应国际教育改革的大趋势，也提出了学前教育改革的新理念与新政策。其中，《幼儿园教育指导纲要（试行）》就是在总结历史经验的基础上，结出的丰硕成果之一。它集中反映了我国学前教育已超越了传统"重知识"的教育观，把儿童发展视为学前教育的第一要务，其主要内涵包括：尊重儿童主体地位，通过良好的师幼互动支持儿童的主动学习，使本来就具有差异性的儿童得到适宜的全面发展。

尽管各国的国情不同，教育理念和教育价值取向也不尽相同，但教育的改革方向都不约而同地指向了促进儿童主动性发展和可持续发展这一终极目标。

（二）来自学理的启示：主动学习对于儿童的终身学习与发展意义重大

技术革新引领着社会进步，促进人类文明不断向前发展，社会对人才的定义也在不断更新。为了支持儿童的终身学习和发展，全球学前教育的目标和价值取向正在发生深刻变革。学前儿童学习态度的形成、品德的提升、情感的陶冶将比知识的获得更为重要。这其中，最为重要的就是要让儿童愿意学习、学会学习，并能够积极主动地进行学习。

1. 主动学习是儿童学习品质的重要组成部分

学前教育是国民教育体系的重要组成部分，是终身学习的开端，同样也

---

❶ 和学新. 促进学生主动发展：课程目标的转型：我国新一轮基础教育课程改革的课程目标解读 [J]. 学科教育，2002 (1): 6-10.

是人类可持续发展的开端。渴望学习是人与生俱来的倾向，为了让学前儿童能够在漫长的人生道路上可持续发展，就需要学前教育把目标指向培养儿童的主动学习品质，激发儿童的学习兴趣，为每一名儿童提供可持续发展和终身学习的原动力。

美国各州制定的《早期学习标准》（Early Learning Standards）普遍将学习品质作为单独领域进行重点说明，其中的诸多具体条目均与儿童的主动学习密切相关，包括好奇心、任务坚持、反思等。❶英国《早期基础阶段》（The Early Years Foundation Stage，EYFS）则对于激发儿童对于学习的好奇心和热情、建构他们的学习能力予以了特别强调，并在此基础上提出 3 个有效教学的特征，即游戏和探索、主动学习、批判性地创造和思考。《澳大利亚早期学习框架》（The Early Years Learning Framework for Australia）将儿童发展学习的气质（disposition for learning）具体分为好奇心、合作、自信、创造性、承诺、热情、坚持、想象和反思，其中很多都是主动学习的典型特征。

我国《3—6 岁儿童学习与发展指南》特别强调要"重视幼儿的学习品质"，提出"幼儿在活动过程中表现出的积极态度和良好行为倾向是终身学习与发展所必需的宝贵品质。要充分尊重和保护幼儿的好奇心和学习兴趣，帮助幼儿逐步养成积极主动、认真专注、不怕困难、敢于探究和尝试、乐于想象和创造等良好学习品质。忽视幼儿学习品质培养，单纯追求知识技能学习的做法是短视而有害的"。从中可以清晰地看出对儿童主动学习品质的重视。

这些均表明，世界各国政府都已充分认识到学习品质，特别是主动学习在儿童终身学习与发展中的重要性，都将主动学习看作学前儿童入学准备的一个重要维度，是学前儿童学习和发展的核心内容。

2. 主动学习是儿童实现终身学习的前提与基础

古人云"活到老学到老"，一语道破人类终身学习的理念。同样，在当今社会中，作为个体，要想持续、健康地发展并适应社会的节奏就必须秉承

---

❶ Scott-Little, C., Kagan, S. L.&Frelow, V. S. Conceptualization of readiness and the content of early learning standards: the intersection of policy and research? [J] Early Childhood Research Quarterly, 2006 (21): 153-173.

终身学习的理念。因为，唯有终身学习才能不断地更新知识、提升素质；唯有终身学习才能跟上时代，与时俱进；唯有终身学习才能固本正源，历久弥新。而在这里面，人的主动学习正是终身学习所强调的教育理念，所以未来的文盲不再是不识字的人，而是没有学会学习的人。

联合国儿童基金会与原国家教委在 1990—1994 年合作进行的"幼儿园与小学衔接的研究"课题组对我国五省市幼小衔接状况的调查发现，在影响儿童学习适应能力的诸多因素中，儿童主动性的影响是第一位的，学前儿童是否具有学习的主动性将大大影响其入学后的学习适应水平。❶假使能够把主动学习这一品质培养好，儿童就有了学习的原动力和内驱力，就如同为一个人提供了一台学习的"发动机"，使其拥有终身学习和发展的动力源。一个人如果具备了主动学习的能力，获得了解决问题的方法，他就能不断运用这些方法去寻求尚未知晓的知识，从而开启他不断探究未来、努力解决问题的新世界。因此，从学前儿童学习与发展的角度来考虑，主动学习是儿童积极学习品质的重要组成部分，是儿童持续学习的根本动力，是儿童实现终身学习的前提与基础。

（三）来自实践的反思：学前教育中儿童被动学习的现象仍然存在

回顾教育的发展历程，我们可以看出教育所经历的 3 个不同时期，即"重知识""重能力"和"重发展" 3 个时期。从 20 世纪 80 年代初开始，注重个性和情感共同发展就已成为教育改革的方向。时至今日，我们都清楚地认识到，儿童是自己的主人，必须充分重视儿童的主体性地位，尤其是在学前阶段教育实践中，要始终秉持"儿童是发展的主体"这一基本的教育价值取向。❷然而，在学前教育实践过程中，还不同程度地受传统教育和苏联教育体制的影响与束缚，教师机械、被动的传授行为依然存在。

1. 教师对儿童主动学习的主体地位重视程度不够

人从一出生就具有了主动性，这是人类身心进化的结果。从人类进步的

---

❶ 张文军 . 让幼儿主动地学习 [J]. 学前教育研究，2001 (5): 14-16.
❷ 霍力岩 . 幼儿主体性在幼儿园教育活动中的几个表现 [J]. 早期教育，2000 (17): 8-9.

视角来看，只有进行主动学习才能塑造出具有独立主体意识的人。瑞士心理学家皮亚杰（Jean Piaget）认为，儿童的学习必须是一个主动的过程，教育必须致力于发展儿童的主动性，只有这样才能"造就智慧的主动探索者"。儿童本身就是一个主动的学习者，他们有着自己特定的思维方式和需求，因此不能将儿童视为明天的成人，或以准成人来对待儿童。然而，在现实中很多人仍旧把教育理解为教师对儿童、家长对孩子的说教行为，并把人的社会性功能完全归因于教育，把学习知识作为首要目标，整个教育的目的和过程都是为了达到这个首要目标，从而导致人们因追求眼前的、看得见的效率，而忽视了学习主体的生成过程、发现过程、体验过程等。下面这个活动案例的片段实录生动说明了这一点。

（T 代表教师，K 代表幼儿）

T：小朋友们，你们知道包饺子需要什么吗？

（无回应）

（教师拿出事先准备的一盆面粉）

T：小朋友们，你们看，老师手里拿的是什么东西？

K：白面，面粉。

T：没错！那谁知道面粉是什么颜色的啊？

K：白色。

T：大家会包饺子吗？想学吗？

K：想学。

T：那我们今天就来学习用面粉包饺子。

（组织幼儿分成四个小组）

T：孩子们，注意看老师手里拿的东西。

（从身后拿出一个揉好的面团）

T：看清楚了吗？

K1：没看清！

K2：面包！

T：（没有针对性地进行回应，直接告知）这是包饺子用的面团。有谁知道面团是什么变成的？

K：面粉。

T：大家可以自己揉面，把它们捏成团。

（幼儿学着捏面团）

T：变成面团没有？

K：没。

T：两只手一起揉，用点儿力。

（孩子们边听边捏）

T：大家思考一下，怎么把面粉揉成团？（没有留出时间空隙，又一次直接告知）倒点儿水，再揉一揉。

（往孩子们的盆里倒水。倒入水后，孩子们使劲揉，有些黏在了一起，有些由于混合不均匀，面粉仍然未成团。）

T：揉好了吗？

（有的孩子没能揉成团，已经开始心不在焉了。）

T：你们几个怎么不揉啊？再使劲揉一会儿好不好？

（幼儿接着揉）

……

——录像　大班集体活动《包饺子》

在这个活动中，教师严格控制了整个活动过程的节奏，中间儿童虽然也自己动手揉了面，但从材料准备到揉面的每一环节，都是在教师的授意下被动完成的，儿童"积极"地配合，成为一个个听话的"木偶"。在这样的教学环境下，我们看到的儿童主动学习似乎只存在于教师的头脑之中，只停留在那些所谓体现儿童主动性的字面理解以及活动设计模板之中，与"重发展"的教育理念仍相差甚远。

2. 教师缺乏有效支持儿童主动学习的策略

在学前教育实践中，为完成教学任务，部分教师努力把儿童的注意力转到教学的目标上来，具体表现为教师通过示范、讲述引导儿童学习。但是当儿童的需要与教师的教学目标发生矛盾时，我们的老师往往就会通过逼供式提问、机械性指挥，而不是用符合儿童特点的方法来让儿童获得直接经验。

这种对儿童进行强制"启发",最终完成教学任务和目标的做法,一方面,一旦"启发"无效,儿童没有达成既定目标,教师就只好将答案直接告诉儿童。另一方面,当教师由于缺乏某种知识而影响自己的权威性时,面对儿童的好奇心与求知欲,教师往往采取回避的态度,消极应对儿童的需求。这种教学过程看似师幼共同达到了教学目的,完成了教学任务,获得了经验知识,但是教师并没有有效支持儿童的主动学习,只是反复强调严格训练,注重记忆,儿童仍然处于被动学习的地位。由于教师在教学中思考策略不足、引导语言生涩、方法过程单一,导致儿童主动学习的品质难以产生与维持,自然也很难培养出具有主动学习能力的儿童。所以,儿童的发展绝不是被动接受教师讲授的结果,教师的讲授终究也不可能代替儿童的自主发展。

在这种情况下,如何促进支架的搭建者——教师支持儿童主动学习就成为亟待研究的重大问题。教师应具备哪些支架能力?如何具体应用这些支架能力促进儿童的主动学习?这些问题引发了我们对学前儿童主动学习与教师支持策略之间关系的兴趣,进而我们将研究问题聚焦在学前儿童主动学习及教师支持策略上,寄希望通过理论研究和实践探索,尝试将研究前期仅仅停留在经验层面的上述意识抽丝剥茧,并遵循科学的研究方法,对"教师支持学前儿童主动学习的研究"这一主题进行深入探索。以上出于普遍关注、学理依据和实践需要三方面的考虑,构成了本研究的直接动因与研究缘起。

二、理论基础

从主体间性理论的视角剖析学前儿童的主动学习及教师对儿童主动学习的支持,我们可以发现,儿童和教师都是独立的主体,教师支持儿童主动学习是两个主体间的互动过程。而过程哲学的视角强调儿童的学习和教师的支持本身就是一个全面的、复杂的持续性过程。儿童的主动学习过程是个性化的,其表现千差万别,教师对儿童主动学习的支持也不是单项一次性的、简单的、确定性的事件或任务,而是一项长期的、复杂的探索过程(见图1-1)。可见,儿童主动学习重在过程,教师支持儿童主动学习也重在过程,由此，促进教师支持儿童主动学习同样重在过程。如果说主体间性理论为本研究提供了分析"儿童主动学习"和"教师支持"关系的横向理论视角，那么过程哲学则为本研究提供了"促进教师支持儿童主动学习"的纵向理论视角，二者交互构成本研究的逻辑起点。

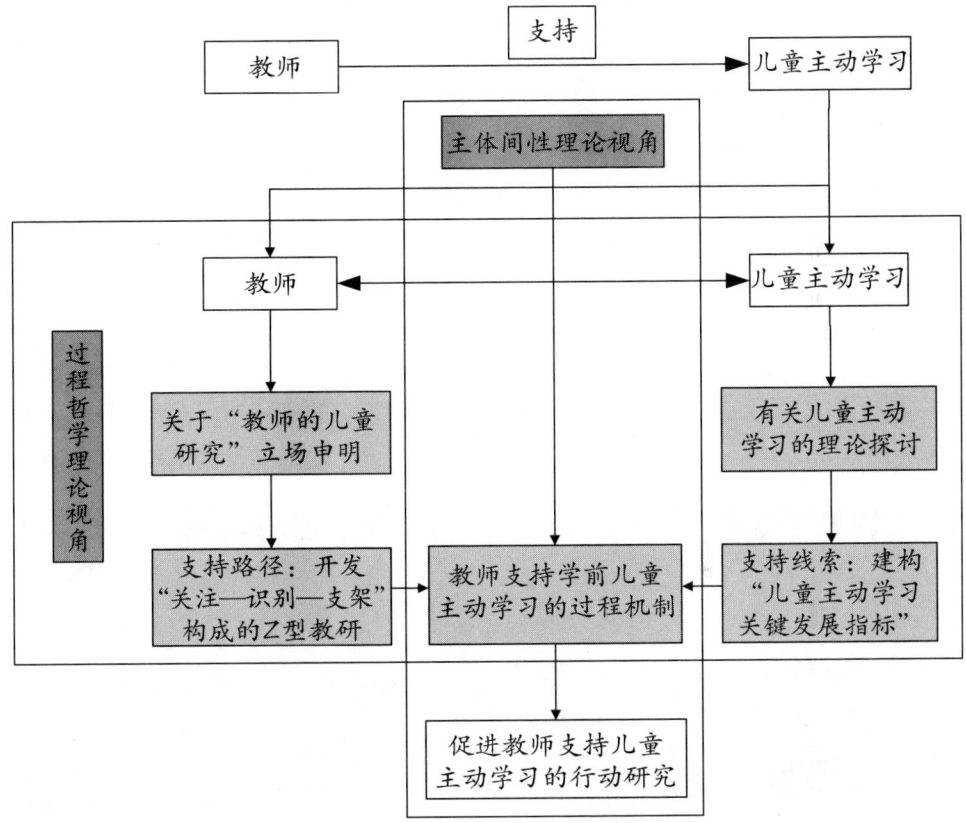

图 1-1　基于主体间性和过程哲学的研究视角

（一）主体间性理论的启示

古往今来，人类哲学经历了由前主体性到主体性再到主体间性的历史过程。主体间性哲学因时代需要而产生，适应现代社会的发展。其代表人物有胡塞尔（E.Edmund Husserl）、海德格尔（Martin Heidegger）、雅斯贝尔斯（Karl Theodor Jaspers）、哈贝马斯（Jurgen Habermas）等。以胡塞尔、海德格尔为代表的哲学家从认识论哲学的主客关系模式出发，间接构筑了主体间性。但随后以哈贝马斯为代表的哲学家们不再从自我出发构筑主体间性，而是提出了"对话""交往""视界融合"等理论❶。从此，主体间性理论从先验的认识论层面逐步转向现实的实践层面。

从人与人的社会关系来看，主体间性是指不再将对象视为抽象的客体（认识的对象或实现自身目的的手段），而是视为具有特殊性、异质性和陌生性的存在（具有不同的身体、情感、思维、价值观念等），其目的是使交往的双方在"共在"的场域中将主客体关系转换为互为主体的关系。所以，主体间性是一种主体与主体在交往活动中所表现出来的"以交互主体"为中心的和谐一致性，强调主体之间的相互理解与沟通。❷主动学习强调教师和儿童都是课程实施过程的主体，二者的关系即主体间性的关系，而课程实施的过程就是教师和儿童交互主体关系发生的过程。这里既强调课程实施过程中的师幼互动，又强调教师和儿童间的相互影响和作用。主体间性的师幼关系强调平等与对话、包容与和谐、共享与发展。这种互为主体的主体间性是教师在支持儿童主动学习的过程中需要关注的目标与理念，也是一种价值观与方法论。

---

❶ 欧力同. 哈贝马斯的"批判理论"[M]. 重庆：重庆出版社，1997.
❷ 同❶。

1. 儿童在学习过程中的主体间性：儿童的主动学习

根据主体间性理论对"交往"实践的理解，教育活动是教师引导下儿童对学习内容主动选择、吸收和内化的过程。教育过程虽然是教师引导下儿童的认识和实践过程，但教师的引导只是外因，外因必须通过内因起作用。教师不可能把教育内容灌注到儿童的头脑中，只能由儿童自主学习和建构。

（1）儿童与教师的关系是主体与主体的关系

"儿童为本"强调儿童在学习活动中处于主体地位，与教师在研究活动中的主体地位保持平等，将师幼之间的主客体关系转换成双主体的关系，实现了主体间性的目标。只有这样，教师才能从对教学技能的关注转向对成长中具体儿童的关注，并在这个过程中逐渐成为儿童研究者和反思性实践者。[1] "儿童为本"的内涵包括尊重儿童、理解儿童和关心儿童，其中，尊重儿童就是教师要意识到并相信儿童阶段有其独特的价值，并意识到每个儿童认识发展的独特性，认可儿童应享有的权利；理解儿童就是教师要意识到每个儿童的独特需要，要敏感地聆听和观察儿童，在此基础上提供最适切的帮助；关心儿童意味着教师要为儿童的学习和健康发展操心，意味着儿童和教师是一种关系的存在。[2]

（2）儿童与活动的关系是主体与客体的关系

心理学家达克沃斯（Eleanor Duckworth）曾对若干名儿童进行了一项经典的排序实验，实验证明精彩的观念是智力发展的本质。[3]认知科学和神经科学的研究也表明：知识是建立在活动的基础之上的。……在人们主动控制经验的时候，经验也改变着人脑的工作方式，改变着神经元、突触与脑的活动。当人们只是简单地接触事件或者信息时（而没有进行活动），脑与身体则不会受到很大的影响。[4]这些研究无疑有力地支持了发挥儿童学习主动性

---

[1] 王丽华. 我国教师教育课程理念的嬗变：从"无儿童"到"儿童为本" [J]. 全球教育展望，2008 (2)：55-59.

[2] 同[1]。

[3] 达克沃斯. 精彩观念的诞生：达克沃斯教学论文集 [M]. 张华，等译. 北京：高等教育出版社，2005.

[4] 周加仙. 教育神经科学：创建心理、脑与教育之间的永久连接：哈佛大学 Kurt W. Fischer 教授访谈 [J]. 全球教育展望，2011，40 (1)：11-16.

的重要意义。

儿童作为主动的学习者，应处于学习的中心。在教育活动的组织、实施过程中，儿童的表现直接影响着教育活动的进程，促使教师根据儿童的反馈进一步调整教育活动的目标、内容、进行方式和进程。通过对儿童的观察、倾听，儿童与教师在教育实践过程中实现有机的互动，提升了儿童学习的主动性与有效性，体现了教师对儿童在学习活动中主体地位的尊重。但若只认识到和偏重教师向儿童传递学科知识的作用，教师将只是学科知识的灌输者，儿童也只不过是这些知识的容器，在这一逻辑下，儿童即丧失了学习活动的主体地位。

2.教师在教学过程中的主体间性：教师的儿童研究

除了认识并尊重儿童在学习中的主体地位外，教师也应认识并确立自己在教育活动中的主体地位。传统"以儿童为中心"的一些极端认识在相当大程度上忽视了教师在激发儿童认知和学习的兴趣和动机、建构认知与学习策略以及培养相应能力方面的重要作用❶，实则窄化或降低了教师的教育效能。

（1）教师在教学过程中是"做"的主体

儿童是教育活动的主体，是学习的主人，教师的职能是向儿童施加教育影响，教师要在教育活动之前，在了解儿童发展水平的前提下，有目的地制订教育活动计划。在此过程中，教师要创设情景、设计环节、选择内容和方法，发挥好教师的主体作用，如教师在自然角中放置玻璃杯、收纳盒、毛绒玩具、豆子、纸袋、胶布、积木等。在观察、分析后，儿童会主动去接近物品并选择玩耍，同时，儿童会针对自己观察到或感触到的东西进行思考并形成问题，然后自己去尝试解决。儿童在此过程中会亲身感受周围的人和物以及环境，教师则围绕儿童发展这一目标，满足儿童需要，积极创设有利于激发儿童兴趣的环境，培养儿童主动学习品质，充分发挥出教师的主体间性作用。在教学过程中，游戏活动的设计、游戏活动的内容和玩法均由教师定夺，所以教师在这一过程中起"做"的主体作用，需要明确的是教师主体间性作用定位和发挥只能以支持儿童发展水平为出发点，绝不能退回到以教师

---

❶ 庞丽娟.教师与儿童发展[M].北京：北京师范大学出版社，2003.

为主体的传统教育中。

（2）教师在教学过程中是"思"的主体

教师在教育活动中的主体地位应不仅体现在"做"，还应体现在"思"。教师不仅应知道"如何去做"，而且应思考"为什么去做"。教师对儿童的研究与支持同样占据主体地位，教师每一次对儿童新的发现，每一次对教育契机的成功把握，每一次观察儿童突发事件时带来的心灵的震颤、心弦的拨动，都可能是一次深刻的感悟、体验与理解，都是一笔不断自我生成、成长的经验与财富。教师在教学过程中的体会是真切的、真实的，与儿童是灵魂的交往、情感的交融、行动的交流。正是这种主动的教师儿童教研，将帮助教师反思对儿童的理解、对教学的实施，在调整中提升教育的有效性，提升对儿童支持的价值。

3. 师幼在教育过程中的主体间性：师幼的主体共存

主体间性即交互主体性，是主体间的交互关系。主体间性首先涉及人的生存本质，生存不是主客体二分基础上的征服主体、构造客体，而是自我主体与对象主体的交互活动。主体间性还涉及自我与他人、个体与社会的关系，主体间性不是把自我看作原子式的个体，而是看作与其他主体的共存，主体间性即交互主体性，是主体与主体的共存关系。从这种意义来说，教师和儿童以教育过程为交互的中介，教师引导教育内容的塑造，儿童通过和教师共同塑造教育内容从而主动吸收、内化教育内容，达到自我的建构。这一过程不仅发挥了儿童对教育过程的主体作用，也体现了师幼间的双主体地位。

（1）师幼主体间性的互识与共识

主体间性是在交往中生成的，交往的内在目的是使交往主体形成相互"理解"和非强迫性的"共识"，相互"理解"和"共识"在本质上就包含着主体间性的思想。"互识"是指主体之间相互认识和相互理解；"共识"是指不同主体对同一事物所达成的相互理解，所形成的主体间的共同性和共通性。通过对共同事物达成的共识，主体才能达到深层的互识。因此，主体间的互识和共识是相互作用的。这样我们可以看出，主体间性也涉及主体与客体的关系，而不像某些人仅从字面来推断，认为主体间性仅涉及主体之间的关系。从理论上讲，主体间性是对主体性的发展和丰富，它把主体性从过去仅涉及主客体之间的关系，扩展为也包含主体之间的关系。从实践这个角度来看，主体间性是对现实生活世界中人的重新认识，是对人更准确、更有价值的认识。

（2）师幼主体间教与学的统一性

以往我们把教学看作"教"和"学"的统一，至于二者是如何统一的，统一的机制是什么，并没有给予明确的回答。虽然有研究者把"教"和"学"放在教师和儿童之间进行解释，认为当教师是主体、儿童是客体时为"教"的活动；反之，当儿童是主体、教师是客体时为"学"的活动。其实，这种解释也是不科学的。它一方面仍然把教学过程置于主客体关系之中，另一方面，把整体的教学活动肢解了，没有找到二者的"真正"结合点。在主体间性理论看来，教师和教学内容之间的活动是"教"的活动，儿童和教学内容之间的活动是"学"的活动，二者以教育内容作为共同的对象而联结在了一起。教师"教"的过程并不是机械的灌输和教授，而是根据儿童的个体差异调整教育内容。所以，儿童的发展不是教师直接作用的结果，而是儿童与教育内容之间"双向对象化"的结果。教师"教"的作用在于调节、导引儿童与教育内容之间的关系，使其愿意、乐于并有能力认识和重塑教育内容。

（3）师幼主体共存于教育过程中

教师和儿童以共同的教育内容为中介而建立的"主体—主体"的共存关系是教育主体双向建构和双向整合的过程。后现代实践观把教育过程视为交往、对话的过程，实际上就是这一过程关系的具体反映。总之，教育的过程是个"主体—客体—主体"的交往实践过程，是教师和儿童以教育内容为中介的对话、沟通、理解的过程。在这一过程中，教师对教育内容的控制对儿童的认识起着引导和帮助的作用，儿童通过与对教育内容之间的对象化活动实现自身的建构。这一认识是对"主体—客体"的现代教学过程观和"主体—主体"的后现代教学过程观的超越。教师对儿童主动学习的支持是两个主体间的互动过程。❶

---

❶ 冯建军.教育的人学视野 [M]. 合肥：安徽教育出版社，2008.

（二）过程哲学的启示

从过程哲学角度审视教师对儿童主动学习的支持可以发现，儿童的主动学习和教师的支持本身就是一个全面的、复杂的持续性过程，儿童的学习过程非常个性化，表现千差万别，教师对儿童学习的支持也不是一项一次性的、简单的、确定性的事件或任务，而是一项长期的、复杂的探索过程。这就需要研究者把握学与教的过程性，理解教育的生成性本质，在过程中促进教师对于儿童主动学习的支持。

1. 教育具有生成性本质

由于受不变主体的哲学观的影响，传统的教学论研究大多秉承着一种预成性思维，信奉教学存在着一种固定不变的因果关系，这种预成性思维其实是一种对待实体的物质世界的思维方式。从一定意义上来说，客观的物质世界本身并不具有目的性，是一种纯粹客观的事实世界，各种事物、现象之间存在着基本的因果联系。人们认识、把握了这种必然联系通常就可以从原因推出结果，从多样寻求统一，从现实预测未来，从而使"人成为万物的尺度"，使人超拔于自然的客观事物之上，这是预成性思维形成的客观基础。

但是，教育世界却与物质世界不同，它是一个"人的精神成长"的世界，是一个永远向未来开放、拥有多种可能性的世界，教育的这种特性就决定了机械决定论的预成性思维的局限。

在过程哲学看来，"创造性"是描述终极事实特征的诸共相的共相。怀特海把"创造性"规定为词典中动词"create"（创造）意义上的一种"前进"，即"产生、引起和生产"，"创造性"不是一种存在，而是存在或实存本身可能性的先验条件。❶在"创造性"范畴里，人是生成的，人的生成又是没有止境的，人的一生就是一个不断生成、超越的过程。同样，教育也是一个处于不断生成、流动的过程。过程哲学强调的过程思维告诉我们，世上一切现实事态都不是一个个孤立、静止完成的自在之物，而是一个过程，每个现实事态的存在就是其生成的过程。过程作为现实事态存在的基本方式，内在于现实事态之中，是存在物的本质。对于这种不断生成、变化的教育而言，任何预成性思维都只能把握教育的瞬间或暂时，而无法洞悉到教育的本真，而只有生成性思维才能与这种生成性的教育存在相契合、匹配，才能在对教育的动态把握中孕育、造就教育智慧。

2. 过程是教育存在的根本形态

有机体的根本特征是活动，活动表现为过程，过程则是构成有机体的各元素之间具有内在联系的、持续的创造过程，它表明一个机体可以转化为另一个机体，因而整个宇宙表现为一个生生不息的活动过程。当我们将教育作为一个不断生成的事件而不是一个事物看待时，它就是过程，是没有停止、没有尽头的流动的过程。在过程哲学看来，教育以过程形式展开，并以过程形式存在。教育是一个动态的过程，一个复杂的有机体运动的过程。在每个时刻，那些有机体——我们的学生都在变化。如果"人不能两次踏进同一条河流"是正确的话，那么教师也从不会两次教同样一个学生，学生总是在不停地变化，表面看上去在不同时刻教师面对的是同一个学生，事实上这个学生却发生了变化。不论多么短暂的经验都在改变着每个学生的身心。

教育作为一个事件，每个教育行动都是在多种因素相互作用的过程中展

---

❶ 怀特海. 教育的目的 [M]. 徐汝舟，译. 北京：生活·读书·新知三联书店，2022.

开的，且以过程形式存在着，离开了过程，就无法理解教育，既不能有效理解每个具体的教育行动，也不能完整理解作为一项社会事业存在的教育。当我们将教育作为一个不断生成的事件而不是一个事物看待时，它就是过程，是没有停止、没有尽头流动的过程，"过程"是教育存在的根本形态。❶

3. 教育过程具有不同的教育节奏

教育是一个过程，过程又有一种节奏。❷怀特海认为，儿童的学习包括三个阶段，即浪漫阶段、精确阶段和综合阶段，并指出教育节奏应该作为一个教育的基本原则被加以应用。他提出教育节奏是为了说明，在我们的教育活动中，不同的科目和不同的学习方式应该在学生的智力发育达到适当的阶段时采用。❸

浪漫阶段是儿童开始领悟的阶段，它是儿童直接认识事实的阶段，此时儿童尚未对事实进行大量系统的分析。从接触单纯的事实，到开始认识事实的重要意义，这种转变会引起某种兴奋，而浪漫的情感本质上就属于这样一种兴奋。它可以引起儿童探究未知世界和事实的某种兴奋和好奇，这个阶段儿童最容易产生活跃然而纷乱的思想，是精确阶段掌握精确知识的基础。精确阶段是对已经存在于大脑中的活跃、纷乱的思想进行排序，这个阶段是儿童掌握精确知识的阶段，它代表一种知识的增加和补充。在这个阶段，知识的广泛的关系居于次要地位，从属于系统阐述的精确性。这个阶段是在浪漫阶段基础上的延伸，在这个阶段浪漫阶段获得的模糊认识经过分析将变得清晰起来，并增补浪漫阶段所获得的知识和事实。综合阶段是对浪漫阶段的回归，但与浪漫阶段相比，已经增加了分类概念和有关技能，它是结果，是精确性训练所追求的目标。综合阶段的本质是脱离那种被训练的被动状态，进入主动应用知识的自由状态。这三个阶段形成了一个循环周期，教育就是这些循环周期的不断重复。

儿童的主动学习，取决于教师和儿童双方的主动性发挥。教师虽不会直接控制学习，让儿童被动地接收信息，但也不会对儿童不管不顾，让他们

❶ 张香兰 . 现代教育思维的转向：从实体到过程 [M]. 济南：山东人民出版社，2008.
❷ 怀特海 . 思维的方式 [M]. 刘放桐，译 . 北京：商务印书馆，2004.
❸ 怀特海 . 教育的目的 [M]. 徐汝舟，译 . 北京：生活 · 读书 · 新知三联书店，2022.

承担教育自己的所有责任。相反，教师可以采取一些支持策略，参与到儿童的学习过程中，支持并鼓励儿童追寻自发的兴趣，助力开启儿童主动学习的进程。

三、研究设计

在前面对本研究所要研究的问题进行相关分析的基础上，以下将对本研究的总体思路和每个子研究的具体思路进行设计，将拟定各研究的具体研究目标、方法选择及预期研究成果。此外，在研究方法部分还将详细阐述本研究所采用的各类方法及其运用，最后尝试提出本研究的创新之处。

（一）研究范式：基于设计的研究（DBR）

方法论是关于方法的理论，方法论直接影响研究的进展方向和研究结论的效力。选择并运用与学科发展相适应的、先进的研究方法对于提升研究质量、促进学科建设至关重要。目前很多领域的研究者对基于设计的研究（DBR）感兴趣，国内近几年也开始出现关于基于设计的研究（DBR）的介绍和应用，但大多是把基于设计的研究（DBR）作为一种研究方法、研究范式及方法论的讨论，探讨其理论归属性等相关问题❶。在学前教育领域，目前并没有发现有研究者采用基于设计的研究（DBR）开展教育研究。

本研究基于 DBR 范式，由研究者基于理论研究提出研究问题，设计干预方案，之后在真实的教育场景中与实践者建立研究合作关系，在干预方案实施的过程中，各自发挥所长，通过分析、设计、开发、再实施、再分析、再设计的迭代循环，促进理论模型的提升与教育实践问题的解决（参考图1-2）。总的来说，本研究以基于设计的研究（DBR）为指导，具有从问题提出、理论借鉴到实践检验、理论重构等一套完整的研究思路。遵循基于设计的研究（DBR）的一般流程，以及教育研究的基本环节，本研究的研究思路及方法应体现出以下几方面的特点。

---

❶ 焦建利 . 基于设计的研究：教育技术学研究的新取向 [J]. 现代教育技术，2008 (5)：5-11.

首先，理论导向。DBR 强调的"设计"是基于理论命题的方案开发，"应根据已有的理论和方法，通过设计干预并在真实的教学情境中实施干预，以检测设计的效用"❶。本研究针对如何支持儿童主动学习这一问题，首先在大量关于儿童主动学习的内涵、构成要素等理论研究的基础上，初步确立了学前儿童主动学习的理论模型，然后经过迭代分析、设计和实施循环，对这一理论框架进行反复修订、完善。

其次，迭代循环。DBR 混合使用设计、评价、实施以及修改等一系列循环的途径，改善干预的质量，本研究关于"促进教师支持儿童主动学习的行动研究"的过程就体现了这一重要特征。研究者应关注研究过程中的变量理解，对实践中出现的问题进行记录，不断改进干预，通过活动设计、实施以及修订的反复循环，最终制定出更合理、更适宜的学前儿童主动学习活动案例集。

再次，与实践者的协作。DBR 不是个别研究者孤立于实践的研究活动，而是要解决教学中的实际问题，这就要求研究者与实践者长期紧密的合作。❷如果没有实践者的参与，研究者不可能清楚地了解实施过程中存在的问题并开发解决措施。本研究在设计、实施行动研究的具体过程中，与幼儿园教师进行了紧密的合作。例如，在"设计活动课例"部分，应该与幼儿园教师进行充分、深入的讨论，了解活动的适宜情境，明确活动的设计方向，在初步形成活动课例后再听取教师的修改意见，并通过教师实施预设活动不断修订和完善干预活动。因此，在研究过程中，研究者需要与幼儿园教师建立合作关系，不断交流、讨论、发现问题，从而改进研究设计。

最后，应用导向。研究者的设计有没有价值可以部分地通过其实用性来衡量，DBR 源于教育工作者改进教学的实际愿望，以教师的教学实际为依据，而不是纯粹的功能意义。从确认有意义的教育问题，到提出解决方案，理论必须为实际做工作。在本研究中，研究者不应只单方面关注主动学习支持策略模型的开发，而应该同时重视通过研究来解决教师的现实问题，将理论与实践结合起来，为此，在本研究中，我们根据教师的实际需求开发学前

❶ 祝智庭. 设计研究作为教育技术的创新研究范式 [J]. 电化教育研究，2008(10): 30-31.
❷ 张倩苇. 设计研究：促进教育技术研究的方法论 [J]. 电化教育研究，2007(4): 5-10.

儿童主动学习关键发展指标，以指导教师更直接地支持儿童主动学习的实践活动。

综上所述，在研究过程中，应依据已有理论研究，结合教师在教学过程中的主要问题，初步设计基于假设的学前儿童主动学习支持策略模型，通过迭代的分析、设计、发展和实施，在与幼儿园教师共同合作的基础上进一步改进原有设计，在此过程中坚持理论与实践的相互指导、相互作用，实现理论和实践的共同优化。可以看出，支持策略模型的确立并不是一蹴而就的，而是在 DBR 迭代循环中不断修正完善的。

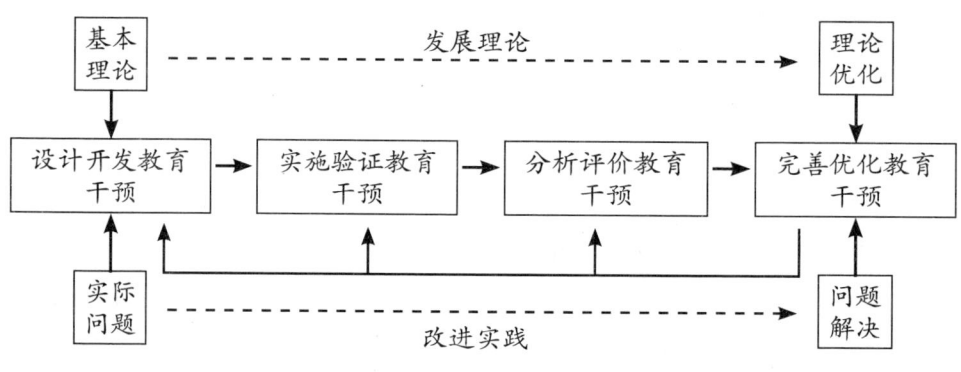

图 1-2　基于设计的研究（DBR）的一般过程

（二）研究思路

1. 总体研究思路

作为一项旨在改进教育实践的研究，本研究既不愿停留在片段式的教育经验总结，也不满足于利用纯理论思辨地构筑超现实的理想教育境界，而是希望将理论思辨的成果运用到实践，并接受实践的检验与修正，最终获得具有操作性的教育改进方案。具体来说，本研究依据 DBR 路径，将理论研究与应用研究有机地结合起来，并使之构成一个具有内在逻辑联系的整体，逐层展开理论研究、建构研究、行动研究及最后的综合讨论。

在理论研究中，首先要明确确立学前儿童主动学习关键发展指标的原则，之后通过梳理众多理论流派对主动学习的相关论述，归纳学前儿童主动学习的内涵，解析其结构特征，并最终形成对学前儿童主动学习的概念界定。本研究先在理论层面揭示学前儿童主动学习关键发展指标的指向，拟定学前儿童主动学习的基本维度，之后进入实践层面，收集儿童主动学习的行为表现，提炼儿童主动学习的关键发展指标，划分发展阶段，补充儿童的典型行为示例。经过理论层面和实践层面上的反复并置、比对和碰撞，最后形成了学前儿童主动学习关键发展指标的最终版，并借助专家评定法和教师评定法检验了其内容效度。在这之后，通过运用学前儿童主动学习的关键发展指标，研究尝试帮助教师围绕儿童主动学习的内涵和发展规律开展行动研究，通过这种由教师进行并基于教学实践的研究发现每个儿童的个体差异，使教师形成自身关于学前儿童主动学习与发展的相关理念与知识，并在此基础上有针对性地为学前儿童的主动学习提供支架，支持儿童的主动学习和后继的可持续发展。在行动研究最后，围绕行动研究对教师观察记录的影响、对教师集体教研的影响，以及对教师策略改进的影响等三方面的内容，研究者对行动研究的结果进行了分析。最后，在对整个研究进行回顾与总结的基础上，提出了有待进一步研究的问题。

依据以上分析，研究拟定了各部分具体的研究目标，确立了采用何种研究方法以及预期最终取得的研究成果。总体研究设计思路如表 1-1 所示。

表 1-1　总体研究思路

系列研究问题	研究方法	研究成果
问题 1：学前儿童主动学习关键发展指标体系的建构研究	文献法 问卷法 访谈法	学前儿童主动学习的内涵
		学前儿童主动学习的结构特征
		学前儿童主动学习的概念界定
		学前儿童主动学习关键发展指标
		学前儿童主动学习关键发展指标体系的信效度
问题 2：促进教师支持儿童主动学习的行动研究	行动研究法 参与式观察法 内容分析法 访谈法	通过观察记录表分析行动研究对教师的影响
		通过教研内容分析行动研究对教师的影响
		通过策略改进分析行动研究对教师的影响
		综合分析行动研究对教师的影响

2. 具体研究思路

（1）关于建构学前儿童主动学习关键发展指标的具体思路

理论探讨部分作为全部研究的起始，在梳理学前儿童主动学习相关文献的基础上，提出了本研究对学前儿童主动学习的内涵解析，确立了学前儿童主动学习的结构特征，并尝试归纳总结本研究对学前儿童主动学习的概念界定。之后，研究将以理论研究的构成要素为框架蓝本，通过对已有研究成果的分析和总结，初步提出学前儿童主动学习的基本维度和各维度的具体指标。之后，编制并发放《学前儿童主动学习行为特征教师评定调查表》，一方面旨在从质的研究角度进一步深入探索学前儿童主动学习的构成要素，验证学前儿童主动学习的维度；另一方面通过教师对学前儿童主动学习行为表现的语言描述，了解儿童主动学习的行为特征。在对开放式问卷内容进行汇总、整理和分析之后，归类提炼各维度上的典型行为表现特征，并对其进行水平划分，选取最突出的行为表现作为每个水平的表现样例，这样初步形成学前儿童主动学习关键发展指标的框架。为进一步修订完善该指标体系，研究选择教学专家对此前收集到的部分儿童主动学习行为表现进行归类，通过对归类结果进行分析和深度访谈，对界限不清晰、表达不准确的维度设置、指标内涵说明、行为特征举例以及发展阶段划分进行进一步的修订与调整，完成对学前儿童主动学习关键发展指标的最终确定。最后，研究还对学前儿童主动学习关键发展指标的编码者信度和内容效度进行了考察，以验证该指标的内容有效性。（见图1-3）

（2）关于促进教师支持儿童主动学习行动研究的具体思路

促进教师支持儿童主动学习的行动研究将以理论研究的结构框架为蓝本，基于调查研究中幼儿园教师的实践诉求，尝试提出儿童主动学习支持策略的模型假设，并在真实的教育坏境中进行行动研究，从而修正模型、检验效果、评估信效度，最终实现对儿童主动学习支持策略模型的建构。因此行动研究以解决教育实践问题为目标，边研究边行动，将实效性作为成果可行与否的价值判断依据。

本研究以行动研究为取向，是因为：第一，行动研究以促进教师支持学前儿童主动学习进而改进实际工作为首要目标。"改进"（improvement）是

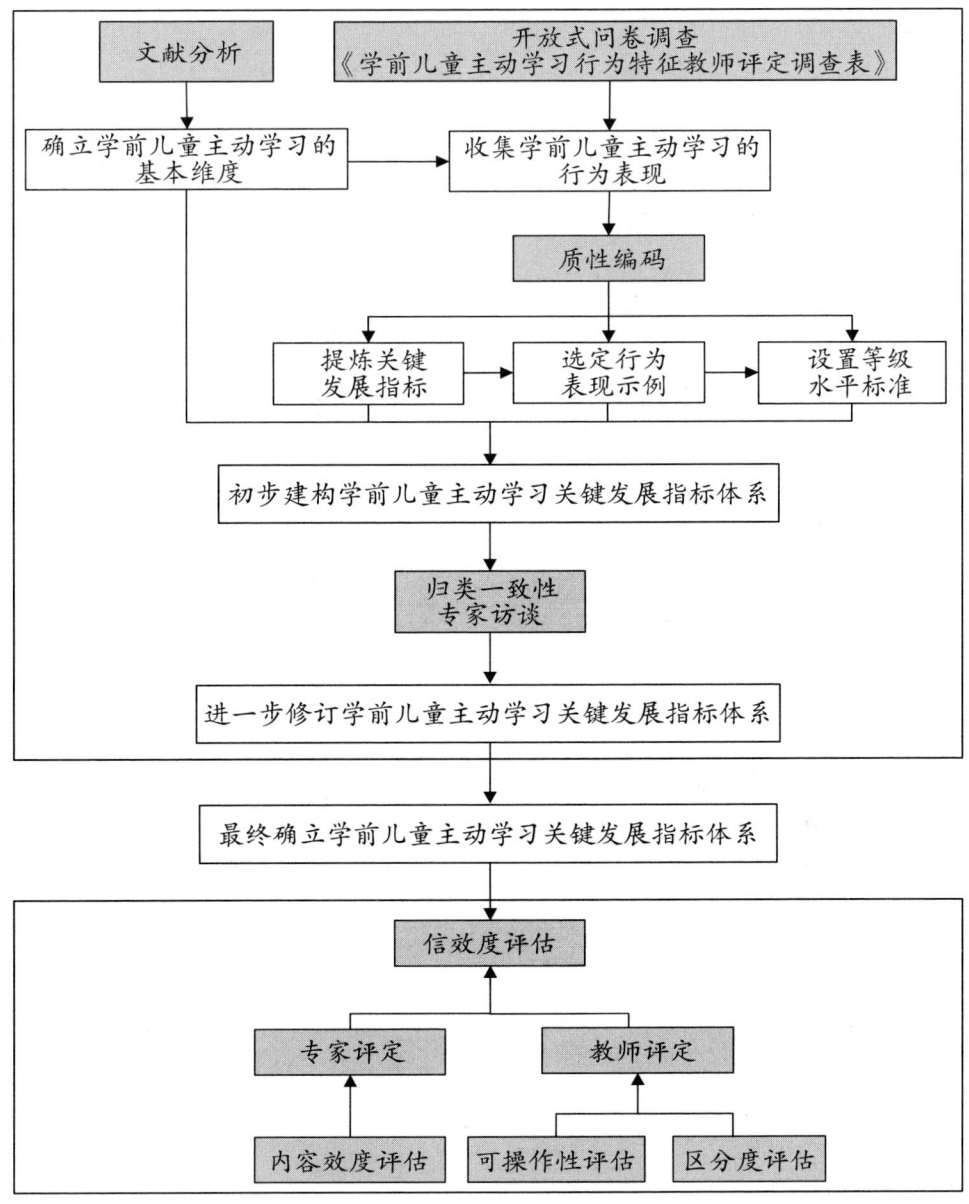

图 1-3　学前儿童主动学习关键发展指标的建构思路

行动研究的主要功能，它既指解决教育实践中产生的问题，也指提高教师的教育教学质量和研究水平。❶第二，在本研究中，行动研究强调对学前儿童

❶ 郑金洲 . 行动研究：一种日益受到关注的研究方法 [J]. 上海高教研究，1997 (1)：27-31.

主动学习关键发展指标的研究与教师支持策略的研究相结合。这种研究者与教师的合作以研究学前儿童的主动学习为结合点，对幼儿园教师而言，可以从研究者那里获得必要的研究工具，提升自身的专业发展水平；同时，研究者也可以从活动过程中获得基础的支持性研究信息，并通过互动交流使研究者本身的理论研究成果更便捷地为幼儿园教师所掌握，更快速、有效地应用于教育实践中。第三，行动研究要求幼儿园教师参与研究，并对实际操作进行反思。有研究者认为，幼儿园教师的参与是十分必要的，因为在实践过程中，幼儿园教师具有实践的目的，并肩负着具体的教育职责，能够全面掌握实践活动的背景以及有关过程的各个环节，并通过实践工作切实有效地检验关键发展指标的有效性和现实性。

第2章

学前儿童主动学习关键发展指标的建构

本研究拟通过学前儿童主动学习关键发展指标的建构，将主动学习这一抽象的概念具体化、行为化、可操作化，从而在理论与实践之间架起一座桥梁，帮助教师通过框架化的指标体系提升幼儿园教师对学前儿童主动学习的关注，了解儿童主动学习的行为类型与发展特点，进而围绕该关键发展指标搭建具体支架，创设适宜的主动学习环境，提供相应的支持性策略，并通过积极的师幼互动最终促进儿童的主动学习和发展。

一、学前儿童主动学习关键发展指标的确立原则

借鉴高瞻课程（HighScope）对于儿童关键发展指标的表述，研究对儿童主动学习关键发展指标的诠释如下。

其一，所谓"关键"是指这些经验是儿童主动学习应涉及的重要学习方式或过程，以及应着重培养的学习品质。固然儿童的气质特点和学习风格不尽相同，儿童的主动学习需要通过各种不同的具体学习方式与发展途径，通过某一个列表可能无法一一穷尽，但是为了避免将儿童的主动学习抽象化、空洞化，我们将尝试建构儿童主动学习关键发展指标，以帮助教师抓住儿童主动学习的核心要素，为进一步搭建支架做好准备。

其二，所谓"发展"则表达了儿童学习过程是循序渐进、不断发展的

观点。儿童的发展既有连续性又有阶段性。儿童的主动学习过程亦遵循某种基本顺序，从最初的感知到之后的探索，再到最后的表达表现，每一个阶段都为下一个阶段的主动学习奠定基础。与此同时，在学习过程的每一个阶段上，儿童的主动学习也呈现出一种线性的发展趋势，从一开始简单粗糙的主动学习意识，逐渐过渡到之后比较复杂精细的主动学习掌控力，这其中折射的是儿童主动学习的不同发展阶段。

其三，所谓"指标"强调了教育者需要使主动学习对儿童的影响看得见，需要用证据来证实儿童正在为主动学习做好准备，同时也为后续给儿童制订适宜的计划提供框架性的参考。

好的研究指标必须反映理论假设的内容，应避免设计研究指标时忽视理论的指导作用、只管任意罗列研究指标的做法。研究指标的设计常采用演绎的方法，即：首先，需要研究者对理论构想及假设做出准确的判断，随后研究者需要厘清理论假设中能够关联到的各种变量，最后研究者需要按照研究变量的实际情况来构建、收集真实数据的指标，并由此构成一个有内在逻辑的、完整的指标体系，实际上这便是一个"理论—变量—指标"的逐一分解的过程。[1]

指标是指衡量一个具体目标的单位或方法。[2]研究认为，对儿童主动学习关键发展指标的建构应遵循"可观察、可记录、可操作、可解释"的原则。

（一）原则1：可观察

可观察是指在活动中能找到与观察点相对应的行为表征。本研究的观察点即儿童的主动学习行为。虽然主动学习品质同时具备态度倾向与行为习惯两个方面，但由于态度倾向属于内隐性的主动学习要素，如儿童主动学习必须具备的好奇心、探索性等，很难通过简单观察进行判定，所以我们将善于观察、喜欢提问视为内隐好奇心的外显行为表现，将敢于尝试、问题解决

---

[1] 董奇. 心理与教育研究方法 [M]. 2 版. 北京：北京师范大学出版社，2019.

[2] 吴钢. 现代教育评价基础 [M]. 上海：学林出版社，1996.

视为内隐探索欲的外显行为表现，这样就更具有可观察性，也是有效的观察点。

（二）原则2：可记录

可记录是指能将活动中所呈现出来的相关信息完整地记录下来。例如，在观察儿童主动学习过程中的专注与投入时，若确立了"儿童的目光分配"这一观察点，从儿童目光的投放位置和持续时间来判断活动中的儿童是否在进行主动学习，虽然这一观察点是可观察的，但却不具备可记录的原则。儿童是活动着的，无法保证观察者能记录到儿童活动过程的目光分配情况，更不能保证观察者在统一时间段内能记录到所有儿童的目光分配情况。相反，儿童对活动任务的"目标坚持"则既能被观察，又能被记录，是一个可以衡量儿童主动学习专注与投入情况的指标点。

（三）原则3：可操作

研究指标必须有明确的操作定义。由于理论研究中关于主动学习的定义仅停留在概念水平，不能够解决实际研究过程中变量或指标的具体测定或操作的问题，为此，研究者必须将这些抽象定义转化为明确的操作定义。操作定义就是用可感知、可度量的事物、事件、现象和方法对变量或指标做出具体的界定、说明。操作定义的最大特征就是它的可观测性，做出操作定义的过程就是将变量或指标的抽象陈述转化为具体的操作陈述的过程。[1]比如"积极投入""喜欢摆弄"等行为都属于主动学习的行为表现，但是由于积极程度和喜欢程度都很难衡量与比较，不便于操作与评价，所以不适宜作为主动学习的关键发展指标。

（四）原则4：可解释

可解释是指观察记录的信息可以得到很好的解释，能得出关于观察点的结论与建议。还是以"儿童的目光分配"这一观察点为例，即便借助现代声

---

[1] 董奇 . 心理与教育研究方法 [M]. 2 版 . 北京：北京师范大学出版社，2019.

像技术或采取多人合作记录到所有儿童的目光分配时间，那所获数值也无法得到合理的解释。例如，记录到了活动中某儿童的目光在老师身上合计 10 分钟，在操作材料上合计 15 分钟，在同伴身上合计 5 分钟……，这些数据不能判断儿童的主动学习情况，也不能推论出教师的教学设计得如何。因此，这个观察点的设立也许就不合理。

二、学前儿童主动学习的内涵

　　主动学习，从字面论和语境论下可以得到不同的内涵与解释。在《现代汉语词典》中"主动"一词是指不待外力推动而行动，能够造成有利局面，使事情按照自己的意图进行。显然，这里的解释是就个体的任何行为而言，如果在"主动"后面加上"学习"得到"主动学习"一词，就是描述个体的学习行为。所以，只要将注释中的"行为"具体化，换成"学习"行为，就能推演出"主动学习"一词的含义，即：不待外力推动而进行的学习。用这一含义来解释"主动学习"是正确的，也是字面论下对"主动学习"的定义，但这却与实际使用过程中的内涵并不很相符。如平常我们在教育一个孩子要用功读书时常说"你要主动学习"，显然，"主动学习"一词在这里强调的不是"是否有外力"，而是"要有内力"，强调要有想学的主观愿望，这便是语境论下的定义。因此，为了使"主动学习"的内涵与实际使用习惯相符，本研究认同从"内力"而不从"外力"的角度对"主动学习"进行界定，即主动学习（Active Learning）是指个体在自己想学意愿的支配下所进行的学习，是相对于外力强迫作用下的"被动学习"（Passive Learning）而言的。

（一）强调基于互动的参与式学习方式

主动学习是基于互动的学习，强调儿童是在与周围的人、环境和事件互动的过程中学习的。学习是复杂的，也是情境性的，儿童通过与物、与人的互动获取经验，并最终建构对周围世界的认知。

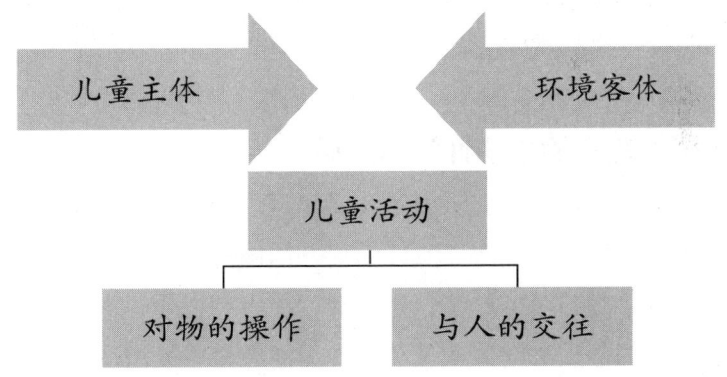

皮亚杰从认知发展的角度指出，认知既不来源于独立于某一主体之外的客体，也不来源于独立于客体之外的某一主体。它来源于机体与环境之间的相互作用。❶儿童是在与外部客观世界相互交往中一点一滴构建起对客观世界的认知经验的，在反复多次的建构过程中，儿童的认知发展水平不断得到提高。心理内化论甚至认为，无论哪种素质，几乎都是由外部的客体的因素

❶ 皮亚杰.皮亚杰教育论著选 [M].卢濬，选译.北京：人民教育出版社，2015.

转化而来，只是其程度不同而已。❶

另外，基于"社会文化是人心理发展的源泉"的认识，以维果斯基为代表的社会建构主义理论不仅强调个体与周围环境的互动，而且强调个体之间的社会互动。维果斯基更是明确提出儿童的认知建构与社会文化环境存在密切关系，指出儿童之间、师幼之间、亲子之间的相互交往不仅是儿童成长的关键要素，而且正是这种人际交往行为为儿童的发展提供了重要的发展空间，儿童认知过程的建构就是这种交往的社会性结果。❷

布朗芬布伦纳（U.Bronfenbrenner）的儿童发展生态系统观（Ecological System）则综合了上述两种观点，认为个体的发展环境是一个多层次的复杂的生态系统，系统之间存在相互联系和相互作用，每一个层次的环境系统都会通过特定的方式作用于儿童。其中每一个系统都是由"物"与"人"两大因素构成的。换句话讲，儿童主动学习所需的外部环境既包括物质环境，也包括人际关系构成的心理环境。物质环境虽然是有形的、静态的，但是却是由环境中活生生的人所创设与作用的。心理环境则是无形的、动态的，由人际关系和心理氛围构成，具体包括同伴关系、师幼关系、幼儿园与班级氛围、亲子关系以及家庭氛围等。

（二）强调儿童的主动性学习品质

人生来就是主动的，这是人类进化的结果。社会心理学家认为，每个人生来都有两种"矛盾"的趋势：其一为保守的趋势，由自我保护、自我积累等本能组成；其二是扩张的趋势，由好奇、探索和冒险等本能组成。我们把这种人与生俱来的品质称为原生素质。作为潜在素质或潜能，个体的原生素质既是自然进化的结晶，也是社会文化的积淀，被马克思称为"人自身在自然中沉睡的潜能"。主动性正是这样一种原生素质，婴儿一生下来就表现出对周围世界的好奇。换句话说，儿童天生就是一个主动的学习者，好奇和求知的人类本性与生俱来。

---

❶ 周宏，高长梅，邢莉娅.学校教育科研热点研究全书 [M].北京：经济日报出版社，1999.
❷ 高文.维果茨基心理发展理论与社会建构主义 [J].外国教育资料，1999 (4): 11.

　　长期以来，西方心理学研究者并没有特别关注作为人格特征的主动性，他们更多是从气质角度研究由生理基础决定的接近行为。在气质的大范围内，主动性被认为是一种适应性特征，通过对儿童趋近、退缩反应的考察，可进行儿童气质方面的测查。

　　发展心理学的早期研究发现人类个体在面对陌生刺激时都会有趋近或退缩反应，儿童亦如此。研究者观察到，在面对陌生新奇的物体、人和环境时，一些儿童会有注视、打量、试图接近、表现出兴趣等行为表现，同时也有一些儿童会有恐惧、回避、远离等行为倾向和表现。正是这种心理与行为表现特征引发了众多研究者的兴趣与热情，从先天的生物性基础，到后天的环境影响，展开了大量的研究。在这些研究中，研究者使用了一些与"主动性"意义相近的概念，诸如外向（extraversion）、善交际（sociable）、接近（approach）、活动性（activity）、反应性（reactive）等。但无论侧重点有何差异，作为气质构成维度的主动性多指代接近行为，即对积极的、合心意的、刺激的神经生理上的一般敏感性，以及伴随而来的感知上的警醒、情感上的反应和趋近的行为倾向。

　　大约从 20 世纪二三十年代开始，主动性在组织行为学领域越来越受到重视，从而使得主动性（initiative）作为一种人格特质，第一次出现在人格问卷中。组织行为学家贝特曼和克兰（Bateman & Crant）在1993 年首次提出了主动性人格（proactive personality）的概念，代指个体主动影响周围环境的一种稳定的行为倾向，用来描述个体不受周围情境阻力的制约，主动采取行动以改变其外部环境的一种个人倾向性，并

认为它是决定个体主动性和主动行为的主要因素，又被称为前瞻性人格。克兰（Crant）由此将主动性行为（proactive behavior）定义为"为改善当前环境条件或创建新环境而采取主动，强调并不是对当前情形的被动地适应，而是迎接挑战"[1]。贝特曼和克兰（Bateman & Crant）进一步指出，主动性会促进个体确立明确的行动目标并持之以恒，达到成功[2]。在这些研究中，主动性的核心概念指积极地接近和自我驱动。我国学者在探究主动性这一概念时，也采用了"接近性"作为主动性的操作性定义。比如，有研究在测查儿童从 2 岁到 11 岁主动性发展的稳定性与变化趋势时，就对陌生情境和新奇玩具情境中儿童接近陌生人或玩具的行为进行编码，通过对以上接近行为的实验观察评测儿童主动性水平[3]。

相对于心理学中对趋近行为的强调，主动性作为学习的一种内在品

[1] Crant, J. M. Proactive behavior in organizations[J]. Journal of Management, 2000, 26(3): 435−462.

[2] Crant, J. M. & Bateman, T. S. Charismatic leadership viewed from above: The impact of proactive personality[J]. Journal of Organizational Behavior, 2000 (21): 63−75.

[3] 张萍. 儿童从 2 岁到 11 岁自我控制和主动性的发展变化及社会适应 [D]. 北京：北京师范大学，2009.

质，强调的则是学习的能动性和创造性，与之相似的还有"学习自觉性"或"学习积极性"等表达，而与之相对的则是"被动性学习""消极式学习"等。

（三）强调自主经验建构的探究学习过程

主动学习本质上是儿童在与环境的相互作用中，积极主动建构自身经验的过程。儿童活动了、操作了不一定是真正的主动学习。真正的主动学习必须具备两个基本条件：儿童与环境材料（或人）的相互作用；儿童认识与新发展（新体验）的相互作用。也就是说，教育不仅要解放儿童的手脚，而且要解放儿童的头脑，让儿童成为学习的主人。儿童是否主动学习不在于结果，而在于从无知（ignorance）到有知（knowledge）的主动建构过程。儿童的主动学习本质上就是儿童在与环境的相互作用中，积极主动建构自己经验的一种学习过程。❶

建构主义理论认为，"知识是由个体自主建构的，而不是传递给个体的"。皮亚杰的认知发展理论在建构主体的框架内，深刻地提示了学习的本质是一个主动的建构过程。他认为，儿童的认知发展是通过认知结构的不断建构和转化来实现的，即儿童在主动地探索外部世界的过程中，一方面通过同化功能，将新知识融入原有的认知结构中；另一方面通过顺应功能，不断改变原有的知识结构，形成新的认知结构。儿童是在与周围环境相互作用的过程中逐步建构起关于外部世界的知识，从而使得自身认知结构也得到发展。所以，主动学习在本质上就是指儿童在与环境的相互作用中积极主动地建构自己经验的学习过程。❷在《教育幼儿》（*Educating Young Children*）一书中，作者重新强调："主动学习就是儿童通过操作物体及儿童与人、观念、情景的相互作用，建构对它们的新的理解的学习方式。"❸我国学者刘焱指出，"主动学习"在本质上是指个体在与环境的交互作用中积极主动建构自

---

❶ 格雷夫斯. 理想的教学点子 4[M]. 杨世华，译. 南京：南京师范大学出版社，2006：25.

❷ 同❶。

❸ Hohmann, M. & Weikart, D.P. Educating young children: Active learning practice for preschool and child care programs[M]. Ypsilanti, MI: HighScope Press, 2002: 20.

己的经验。[1]这些界定都强调了儿童自主经验建构的学习过程。

（四）本研究对学前儿童主动学习的界定

基于此，本研究形成了对学前儿童主动学习的概念界定，即：学前儿童主动学习是指儿童在与环境相互作用的过程中，受主体意识支配，获取经验、建构理解的一种积极、自主、持久的能动状态和学习过程，是一个既具有静态结构性，又具有动态过程性的多维概念。具体可从以下三个方面分解这一概念。

第一，学前儿童主动学习依赖于儿童主体与客体环境间的相互作用，其中既包括儿童与材料的互动，也包括儿童与人的互动。

第二，从静态角度讲，主动学习作为儿童所具有的积极学习品质，强调儿童心理特质的主动性，其中既包含内隐的态度倾向，又包含外显的行为状态，且二者具有动态相依性。

第三，从动态角度讲，主动学习作为儿童自主经验建构的过程性变量，

---

[1] 刘焱. 儿童游戏通论 [M]. 北京：北京师范大学出版社，2004.

强调活动过程的动力机制，在儿童主动学习过程中发挥唤起、维持和指向功能。

以上三点作为学前儿童主动学习的发展机制、横向结构和纵向层级，构成了本研究对学前儿童主动学习的概念界定。

三、学前儿童主动学习的结构特征

通过对学前儿童主动学习内涵的理解，可以看出：一方面，主动学习作为一个静态概念，强调了儿童学习品质中的主动性；另一方面，作为一个动态过程，强调了儿童学习过程中的自主经验建构。基于此，本研究将从学前儿童"主动学习的品质"和"主动学习的过程"两个不同的侧重点，分别对主动学习的构成要素进行解析。

（一）学前儿童主动学习品质的横向结构

从静态角度讲，主动学习作为一种积极的学习品质，强调儿童心理特质的主动性，其中既包括主动的态度倾向，又包括主动的行为表现，且二者之间具有动态相依性。

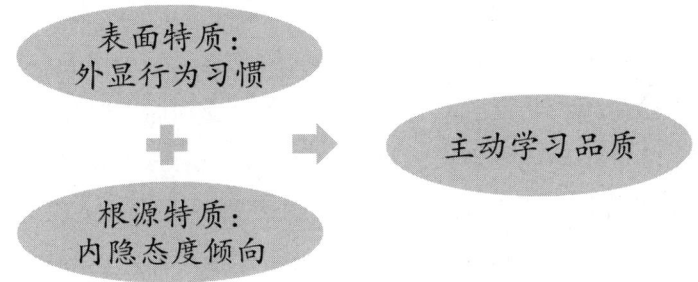

1. 横向结构维度

卡特尔（Cattell）在其人格特质理论（Theory of Personality Trait）中，将人格特质划分为表面特质（surface traits）与根源特质（source traits）两大类。他认为表面特质直接与环境接触，常随环境的变化而变化，是从外部可以观察到的行为。根源特质则隐藏在表面特质的背后，深藏于个性结构的内层，必须通过表面特质用因素分析方法才能发现，是制约表面特质的潜在基础和人格的基本因素。❶

主动性作为一种被普遍认可的典型人格特质，同样具有表面特质和根源特质的属性。由于主动学习品质强调的是儿童心理特质中的主动性成分，所以，我们将主动学习品质具体划分为外显的"主动行为状态"和内隐的"主动态度倾向"两个维度。

诸如"善于提问""自主选择""积极参与""克服困难""主动交往""勇于表达""乐于助人"就是几种典型的主动行为状态，属于主动性的表面特质，是儿童在特定环境影响下，由于内在心理变化而引起的一系列行为方式或状态的集合，可从儿童外在的行为表现直接观察到。由于外显的主动行为状态都是在儿童与周围环境相接触的过程中呈现出来的，属于一种即时性行为，因此更多受到儿童活动情境的影响。

相反，内隐的主动态度倾向是儿童对人、对事物相对稳定的内在反应倾向或行为准备状态，例如"敏感性""探索性""专注性""积极性"等。这些态度倾向隐藏在外显行为的背后，属于主动性的根源特质，不容易通过简单的观察被了解与发现，是一种较持久的概括化倾向，具有跨情境性的特点。

与卡特尔对表面特质与根源特质的关系论述相一致，儿童主动学习品质的外显行为与内隐态度同样既有区别又有联系。两者虽然都涉及儿童的主动性，但在具体情境中，具有主动态度倾向的儿童未必一定表现出相应的主动行为状态，这是因为儿童主动行为的发生还会受到周围的环境、活动的情境、当时的情绪情感等多种因素的制约。其中，主动态度倾向只是主动行为状态的一个前因变量，或者说是根源特质对表面特质的一个深远影响因素，是主动行为的一个重要预测源。它可以引发、影响个体的主动行为，但最终不必然表现出主动行为状态。相反，在某一活动情境下表现出主动行为状态的儿童，也并不一定都具有稳定的主动态度倾向。一个主动的行为状态很可能是受到其他外力的直接刺激，是顺势而为的，此时儿童的内部心理活动不

---

❶ Cattell, R. B. The description of personality principles and findings in a factor analysis [J]. American Journal of Psychology, 1945 (58): 69–90.

一定就具有积极主动的行动动机。所以从静态角度理解主动学习品质时，需同时强调其表面特质和根源特质，主动的外显行为和内隐态度缺一不可，二者共同构成儿童主动学习品质的横向结构维度。

2. 维度间的内在关系

与其他表面特质和根源特质一样，主动行为与主动态度之间同样具有一种动态相依关系，具体表现为主动行为受主动态度的影响和驱动，而主动态度则由主动行为体现，并得以强化、延续。

主动态度影响并激励主动行为，这其中包括两方面的作用：其一，主动态度作为一种心理倾向，影响着主动行为的方向和方式。心理学家认为，态度倾向一经形成后，会使个体形成一种特有的、相对固定的内在心理结构，个体总是会根据之前形成的态度倾向来对待他人、自己以及周围社会生活中的其他事物，最终致使个体行为产生一定的倾向性。其二，主动态度作为一种心理准备状态，还对主动行为构成了一定的驱力，激励主动行为的发生。

这个框架中最重要的环节就是把一种稳定的心理倾向转化为一种内在的活动准备，从而与外在行为形成一种联系。如果没有这个内在的活动准备，行为的产生就缺少动力，不会轻易产生。简言之，当态度被看成是一种心理上的准备状态，就成为驱动行为多种因素中最为重要的心理因素之一，对行为起准备作用。这种准备状态支配着儿童对观察、记忆、思维的选择，也决定着他们听到什么、看到什么、想些什么和做些什么。

与此同时，主动行为对

主动态度同样具有反作用。一方面，主动态度经由行为而外显；另一方面，主动态度经由行为经验予以制度化。主动行为虽是情景性的，具有即时性的特点，但众多行为经验的积累和整合就成了主动态度倾向形成的重要因素。主动行为的发生过程会潜移默化地产生一种体验，如果此类行为不断受到强化与鼓励，类似体验的增多就会逐渐形成一种较稳定的倾向性。即通过一个个具体的行动，促使行为长期坚持下来，逐渐形成习惯，最终为态度倾向的形成与延续提供条件。如面对新奇事物，儿童产生接近、观察、摆弄等行为，此行动过程可使儿童体验到有趣、惊讶、兴奋等情绪，而行为的结果也使儿童获得成功感与自信心，如果类似的体验经常重复，儿童就获得对新奇事物的主动、冒险、探究等一系列态度倾向性，并最终形成一类稳定的心理特质。

可以看出，主动行为一旦在意识里扎了根，就会成为一种强大的心理暗示力量，强化其内隐态度。而得以稳定延续的主动态度又会转而反作用于行为，持续激励类似主动行为重复出现，最终形成一个"行为决定态度、态度再次影响行为"的良性循环。

（二）学前儿童主动学习过程的纵向层级

在横向结构中，主动学习表现为一种积极的学习品质，以相对静止的状态存在。然而，作为儿童自主经验建构的学习过程，儿童的主动学习又强调了活动过程的动力机制，呈现出一系列过程性变量的特点，具有动态的纵向层级性。

心理学家们认为，个体行为的起因都具有某种动机，儿童的主动学习与儿童活动的内在动机紧密相连。列昂捷夫（Leontyev）提出，没有动机的活动是不存在的。❶德西（Deci）等认为，内在动机（intrinsic motivation）是指

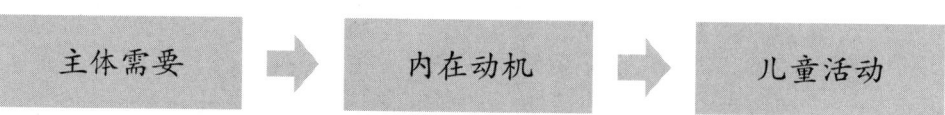

---

❶ 列昂捷夫.活动　意识　个性 [M]. 李沂，冀刚，徐世京，等译.上海：上海译文出版社，1980.

人类完成一项任务是因为能从任务自身获得快乐和满足，与我们通常所说的兴趣相似。发展心理学家认为，儿童从出生开始，最健康的状态就是活跃、探究、好奇和贪玩，即使没有表扬和奖励，他们也会如此。内在动机正描述了这种模仿、掌握、自发兴趣和探索的自然倾向。

动力系统以动机作用为核心，调节着学习活动的进行，比如始动、定向、维持、调节等等，对于具体的学习任务，相当于发起和推动者。强有力的动力系统会增进操作系统的运行和发展，理想的操作系统由于较易获得学习上的成功，产生积极反馈，便能持续补充和添加动力系统的力量，促进主动学习的发展。作为儿童主动学习过程的心理动力成分，内在动机具有如下三种功能。

第一是唤醒功能（始发功能）：内在动机是行为的直接意愿，驱使儿童唤醒某一行为倾向，激发儿童发起活动。

第二是维持功能（调节功能），即内在动机影响着儿童的注意力，激励儿童在目标达成之前一直维持一种较高的唤醒状态。

第三是指向功能，即内在动机促使儿童行为朝向一定的活动目标，使其思想和行动更集中指向满足需要的客体或事物。

指　向

维　持

唤　醒

可以看出，儿童为了满足自身需要而萌发内在动机，并发起活动，之后由于受到内在动机的持续激励，使活动朝着某一具体目标进行，直至需求得以满足。在这一过程中，儿童的内在动机作为动力驱动，贯穿儿童主动学习的全过程，使儿童的主动学习过程呈现出"唤醒—维持—指向"的纵向层级性。

由此，儿童的内在动机可被定义为一种引起儿童主动学习活动、维持活动、使活动朝着某一目标进行，并最终满足儿童个体需要的能动过程性变量，它承担着儿童主动学习过程中的内在驱动力功能。

四、学前儿童主动学习关键发展指标的建构

在明确学前儿童主动学习关键发展指标的确立原则之后，通过梳理众多理论流派对学前儿童主动学习的相关论述，本研究解析了学前儿童主动学习的内涵，并形成了关于学前儿童主动学习的概念，从而在理论层面上揭示了学前儿童主动学习的结构特征和关键指标的指向。接下来，本研究将展开针对学前儿童主动学习关键发展指标的具体建构研究。

学前儿童主动学习关键发展指标的建构将遵循下述指标分解过程：第一，依据理论研究中对学前儿童主动学习内涵与结构的解析，确立学前儿童主动学习的拟定维度；第二，采用专家提名法，请相关理论和教学专家依据拟定维度的划分及其含义说明，对学前儿童主动学习各维度的重要性和适宜性进行打分评价，从而筛选并确立学前儿童主动学习的基本维度；第三，依据对主动学习基本维度的划分，通过开放式问卷收集教师对各维度下学前儿童主动学习行为特征的描述，并在此基础上，对所收集的有关儿童主动学习行为表现的文本描述进行了深度编码处理，从质的角度提炼出学前儿童主动学习的关键发展指标；第四，参考各类有关儿童发展的标准与文献，对每一项关键发展指标又进行了发展阶段的逐一划分；第五，结合此前收集到的儿童行为，并辅以对一线教师的访谈和研究者自己的观察，挑选儿童典型行为示例作为关键发展指标各阶段的补充说明，从而最终实现学前儿童主动学习关键发展指标的完整建构。

（一）拟定基本维度

依据儿童主动学习内涵解析中的"主动学习强调儿童基于互动的参与式学习方式"，即儿童主动学习的互动对象既包括"物"也包括"人"，研究将

儿童的主动学习具体划分为"对物操作的主动学习"和"与人交往的主动学习"两种形式，以此作为儿童主动学习的基本维度框架。其中，"对物操作的主动学习"强调儿童在活动中不依靠外部力量的推动，主动参与活动、积极投入并努力达成目标的倾向。而"与人交往的主动学习"强调儿童积极与成人和同伴交往的倾向（见图 2–1）。

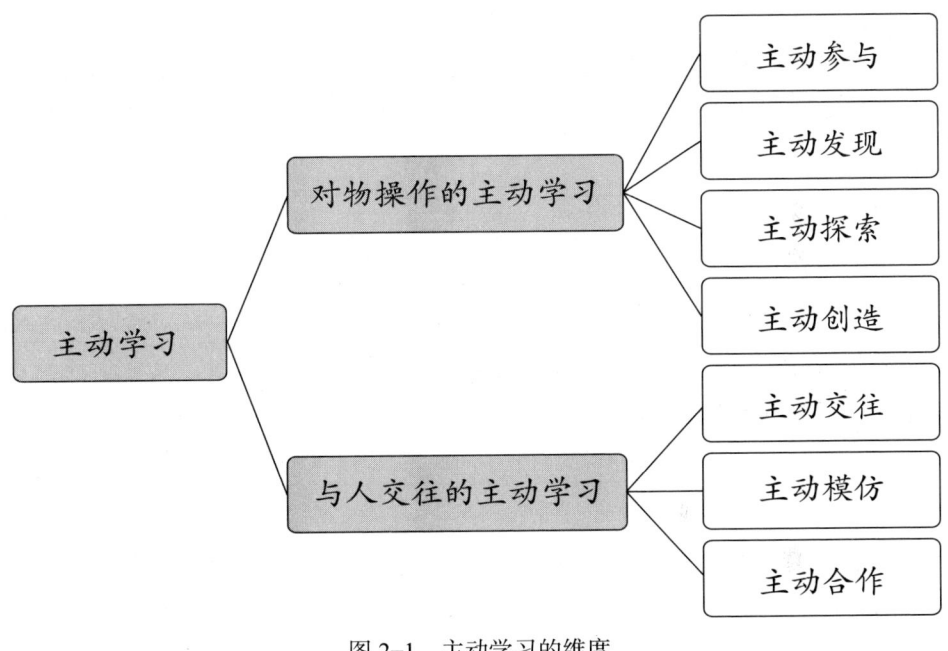

图 2–1　主动学习的维度

这里需要强调的是，与物质环境和精神环境的相互关系一样，儿童"对物操作的主动学习"和"与人交往的主动学习"同样不能被完全割裂开来。儿童在与操作材料的互动过程中，会与游戏同伴或成人产生各类互动活动。而在人际交往过程中，又不可避免地会出现一些物质载体，为儿童对物操作的主动学习提供机会。

作为一个静态的概念，学前儿童主动学习关键发展指标侧重于儿童主动学习的品质属性，故而本研究将从主动性这一心理特质的结构入手，拟定儿童主动学习的基本维度。

在此基础上，本研究又进一步概括出儿童主动学习各维度所体现的深层特质，作为主动学习的内隐态度倾向，至此形成了儿童主动学习的拟定维度框架，其中包括了主动参与、主动发现、主动探索、主动创造、主动交往、主动模仿、主动合作等 7 个基本维度，以及包括自主性、敏感性、探究性、创造性、趋近性、互动性、协同性在内的 7 项态度指标（见表 2-1）。

表 2-1　主动学习的拟定维度框架

主体 / 客体	儿童活动	主动学习基本维度	内隐态度倾向（内部心智活动）	外显行为状态（外部肢体活动）
物质环境	与物互动	A. 主动参与	a. 自主性	……
		B. 主动发现	b. 敏感性	……
		C. 主动探索	c. 探究性	……
		D. 主动创造	d. 创造性	……
社会环境	与人互动	E. 主动交往	e. 趋近性	……
		F. 主动模仿	f. 互动性	……
		G. 主动合作	g. 协同性	……

之后，研究者对每个维度进行了概括性的内涵描述作为主动学习的操作性定义，详见表 2-2。

表 2-2　主动学习拟定维度的含义说明

基本维度	内隐态度倾向	维度含义说明
主动参与	自主性	能够以积极、主动的情感态度参与活动，自主进行计划、选择，在活动中表现出持续的兴趣和热情。
主动发现	敏感性	喜欢观察、探索新鲜事物和未知事物，对周围的世界充满求知欲，善于提问。
主动探索	探究性	乐于探索，在面临任务和问题时表现出自信，愿意尝试解决，即使面临困难也能表现出坚持不懈的精神，持续完成活动。
主动创造	创造性	惯于发掘不同寻常的事物，能够不断总结出事物不同寻常之处，并由此发明出对问题新颖的有启发性的解决方案。

续表

基本维度	内隐态度倾向	维度含义说明
主动交往	趋近性	愿意与同伴一起游戏，主动与同伴建立并保持良好的人际关系，明确、具体地表达自己的想法和愿望，并大胆表现自己。
主动模仿	互动性	在没有外界控制的条件下，儿童受他人影响而仿效其言行，并使自己的言行与之相同或相似。
主动合作	协同性	有良好的合作意愿，能够和他人相互协商，通过分工协作共同完成目标。

（二）专家提名筛选

研究指标要简明、可行。研究指标不是越多越好，更不是越复杂越好。复杂、繁多的研究指标不但增加了数据收集与分析的工作量，而且还可能影响研究完成的质量。在理论建构的基础上，研究对 10 位学前教育领域的理论专家（大学教授、特级教师和省级示范园园长）以及 6 名一线教学专家（均为省、市保教能手、骨干教师）进行了半结构访谈（具体访谈对象基本信息如表 2-3 所示）。请他们根据儿童主动学习的相关研究，并结合我国儿童的实际生活状态，从儿童"对物操作的主动学习"和"与人交往的主动学习"两个方面，对理论建构的儿童主动学习拟定维度按重要程度进行打分。具体打分标准是：满分为 1 分，表示该维度非常重要，是儿童主动学习必备的要素成分，必须在学龄前阶段着重培养；最低为 0 分，表示该维度不是儿童主动学习所必备的，不适合在学龄前阶段进行培养。

表 2-3　学前儿童主动学习关键发展指标建构之访谈对象基本信息

	性别		学历		职称		
理论专家	男	女	硕士	博士	中级	副高	正高
	2	8	4	6	3	5	2
	性别		学历		教龄		
教学专家	男	女	大专	本科	小于 5 年	5—10 年	10 年以上
	0	6	1	5	1	2	3

之后，研究者将每位专家对主动学习拟定维度的评分数值汇总相加，取其均值，代指其各维度的重要程度，并据此对儿童主动学习拟定维度的重要性进行排序，最终评分结果排序见表 2-4。

表 2-4　专家对主动学习指标的评分

维度名称	专家评分均值
主动探索	1
主动参与	0.98
主动发现	0.92
主动合作	0.89
主动交往	0.86
主动创造	0.62
主动模仿	0.55

综合考虑，研究者计划选取平均得分在 0.85 以上的指标共 5 项，作为儿童主动学习的基本维度，其余拟定维度得分较低不予保留。至此形成了儿童主动学习的基本维度框架即主动探索、主动参与、主动发现、主动合作、主动交往（见图 2-2）。

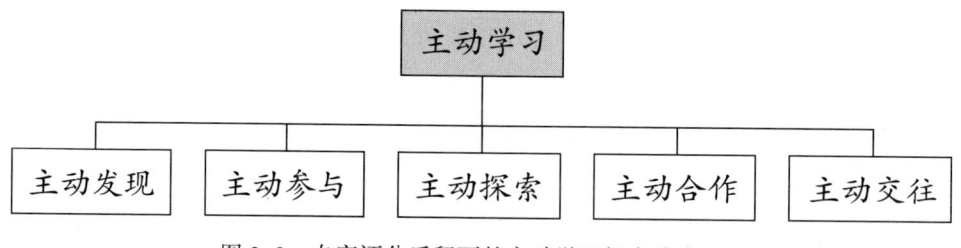

图 2-2　专家评分后留下的主动学习拟定维度

（三）收集行为特征

通过描述客体或事物所具有的动态特征，实现为抽象变量下操作定义的方法，被称为动态特征描述法。[1]研究认为，若要对儿童的主动学习情况进

---

[1]　董奇 . 心理与教育研究方法 [M].2 版 . 北京：北京师范大学出版社，2019.

行观察与记录，就必然要将主动学习落实在儿童的外在行为上，所以儿童主动学习每个维度下包含的具体关键发展指标都应由若干个描述儿童主动学习行为的词语、语句来反映和体现。

儿童每天在园的时间有 8 小时左右，儿童的主动学习渗透于一日生活的各个环节，其间，幼儿园教师是观察儿童主动学习表现的最佳人选。由此，研究者编制了"儿童主动学习行为特征教师评定调查表"（见附录），希望借助一线幼儿园教师深入儿童的真实学习情境，通过教师对儿童在活动中具体的主动学习行为表现所做的细致描述，"透视"儿童主动学习的行为特质，以此从质的研究角度探索、开发儿童主动学习的关键发展指标。

开放式问卷调查是质性研究的一个重要方法。与量化研究相比，质性研究的一个重要特点就是注重研究的细节性、生动性与描述性，它能够较为全面地向人们展示研究对象的全貌。通过开放式问卷中教师对儿童主动学习各维度行为表现的语言描述，研究者一方面归纳、提炼出了儿童主动学习的关键发展指标，另一方面还可以利用这些质性资料佐证依据理论框架和专家评分所共同确立的儿童主动学习的基本维度。

鉴于时间、人力和物力等综合因素的考虑，问卷采用方便取样的形式，向北京市、黑龙江省、甘肃省部分幼儿园的 62 名城市幼儿园教师进行了发放。请教师针对儿童在幼儿园日常学习、生活中的自然表现，以自然语言的方式，尽可能细致地描述主动学习基本维度下儿童的具体行为表现特征。问卷填写教师的基本信息如表 2-5 所示。

表 2-5　学前儿童主动学习行为特征教师评定调查表——问卷填写教师基本信息

教学专家	性别		学历		教龄		
	男	女	大专	本科	小于 5 年	5—10 年	10 年以上
	0	62	38	24	35	21	6

问卷回收后，研究者对问卷所收集的原始信息进行了初步的转录、汇总，剔除部分无效问卷。经汇总，共回收有效问卷 54 份，其中包括 92 名儿童样本数据。儿童样本的具体分布情况见表 2-6。

表2-6　学前儿童主动学习行为特征教师评定调查表——儿童样本分布情况

年龄	3岁		4岁		5岁	
性别	男	女	男	女	男	女
人数	8	14	11	15	17	27
合计	22		26		44	

（四）提炼关键指标

对于开放式问卷结果，最常用的分析方法就是编码分析。其中，设置码号与初步编码的工作量十分巨大且又乏味，但对于质性研究来说却是必不可少和极其关键的一个环节。本研究通过对收集到的儿童主动学习行为表现进行编码分析，提炼、归纳主动学习关键发展指标，具体研究过程如下所述。

第1步，在消化理解原始资料的基础上，初步找出表现儿童主动学习不同特点的关键词语，提炼具有概括性的概念结构，设置指标因素的初级编码。码号是资料分析中对其进行编码的基础单元，是资料分析中的原始数据部分。设置码号是编码工作中最基础、最烦琐的一个环节，其中，资料内关键词或内容出现的频率是寻找码号的一个主要标准。如果资料中反复出现一些共同的内容，不言而喻，这些就是资料中价值最高的内容，研究者需要重点关注。

第2步，根据提取的指标因素对原始资料进行编码并加注。为了使研究者对行为特征的分类清晰、准确、便捷，可以用不同的标记或不同色彩对各种行为类属的指标因素进行区分。这样做的目的是由于教师对儿童主动学习每条行为表现的描述中不止包含单——种主动学习的基本特征，所以需要在编码过程中对儿童主动学习这一复杂的行为进行必要的拆解。初步编码后，得到儿童主动学习行为表现条目共计328条。

第3步，通过编码解析，重新审视各指标下的行为特征，仔细推敲编码之间有何联系，分析研判码号之间是否存在共同表现的内涵。通过在码号之间形成的规律性关系，再次凝练初步概括的指标结构，经过多轮反复调整，指标逻辑关系变得更为清晰，从而最终确立了11个儿童主动学习关键发展指标，并对所有行为特征条目用最终确立的指标代码（A1、A2、B1、B2……）

进行了逐一标注，见表 2-7。

表 2-7　主动学习的指标代码

主动学习的类型	行为特征
A. 主动参与	A1. 制订计划
	A2. 选择操作
B. 主动发现	B1. 善于观察
	B2. 喜欢提问
C. 主动探索	C1. 敢于尝试
	C2. 问题解决
	C3. 目标坚持
D. 主动交往	D1. 乐于交往
	D2. 勇于表达
E. 主动合作	E1. 沟通协商
	E2. 分工协作

可以看出，编码分析的过程其实是对质性资料深入挖掘的过程。本研究通过以上步骤确立了儿童主动学习关键发展指标，与此同时，也从质的角度又一次验证了经理论建构和专家评定所确立的儿童主动学习基本维度。为了使幼儿园教师能够理解每个关键发展指标的具体所指，研究者再次阅读了各指标下的多条行为表现，最终形成了对每个关键发展指标的概括性解释性说明文字，详见表 2-8。

表 2-8　主动学习指标的含义说明

基本维度	关键发展指标	指标含义说明
主动参与	维度定义	以积极、主动的情感态度参与活动，自主进行计划、选择。
	适应融入 计划选择	适应新的环境，积极主动地参与各类活动，并在活动中表现出持续的兴趣和热情。 根据自己的兴趣或意向制订活动计划，并自主选择材料或活动方式。

续表

基本维度	关键发展指标	指标含义说明
主动发现	维度定义	善于发现新鲜事物和未知事物，对周围的世界充满好奇。
	善于观察 喜欢提问	对周围新奇的人和事物或将要发生的事情感兴趣，善于通过观察发现不同事物的不同属性或发展变化。 面对新异事物和未知事物时乐于思考，喜欢提出问题以满足好奇心。
主动探索	维度定义	积极探索和操作各种事物，即使面临困难和问题也愿意积极努力，表现出坚持不懈的精神。
	敢于尝试 问题解决 目标坚持	主动接受和参与有挑战性的任务。 遇到困难和问题时，主动尝试用多种办法解决。 不轻易放弃或改变自己的既定目标，自觉坚持完成需要一段时间的任务。
主动交往	维度定义	愿意与同伴一起游戏，主动建立并保持良好的人际关系，在互动中明确、具体地表达自己的想法和愿望，并大胆自我表现。
	乐于接触 互动表达	愿意与同伴一起游戏，主动建立并保持良好的人际关系。 在与人互动中明确、具体地表达自己的想法和愿望，在活动中大胆表现。
主动合作	维度定义	有良好的合作意愿，能够和他人相互协商，通过分工协作共同完成目标。
	冲突解决 分工协作	可以通过协商解决冲突。 和同伴一起游戏时能够相互配合、相互协作。

（五）划分发展阶段

为了方便教师明确儿童的发展进程，并依据每一个儿童个体的观察与记录判断他们的当前发展阶段，进而有效引导其从现有阶段迈向更高阶段，本研究还需要将所提炼出的每个关键发展指标再细分为不同的发展阶段。不同发展阶段间的递进性意味着儿童在某项特定任务中表现出更高程度的类似行为特征以及更强烈的使用类似行为的意愿。通过对儿童主动学习关键发展指标的阶段进行划分，既可以帮助教师识别儿童发展的现状，又能使教师看到儿童主动学习发展的可能性、潜力和可塑性。

　　本研究对儿童主动学习关键发展指标发展阶段的划分主要参照了与儿童主动学习行为相关的一些国内外政策文本和具体评价工具，其中包括我国教育部颁发的《3—6 岁儿童学习与发展指南》、高瞻课程的《儿童观察记录系统》（Preschool Child Observation Record，COR）、创造性课程的《3—5 岁发展连续表评价系统》（Developmental Continuum Assessment System for Ages 3 to 5）等，阶段划分结果如表 2-9 所示。

表 2-9　主动学习行为指标的阶段划分

关键发展指标	阶段 I	阶段 II	阶段 III
A1. 适应融入	对活动感兴趣，但仍会想办法留在信任的成人身旁，或待在某个自己感觉舒适的区域，活动参与度不高。	在成人的带领下参与活动。	乐于参与各类活动，在活动中独立自主，积极热情。
A2. 计划选择	通过指认或其他动作做出选择。	用一两个单词或短句简单地表达自己的计划和选择。	能用细节具体说明自己的计划和选择。
B1. 善于观察	对感兴趣的事物能仔细观察，发现其明显特征。	通过观察对事物或现象进行比较，发现相同点与不同点。	聚精会神地专注观察，发现不同种类物体的特征或某种事物的前后变化。
B2. 喜欢提问	会问简单的问题。	面对未知会提出问题，以求进一步了解。	会提出越来越复杂的问题，刨根问底，想了解更多。
C1. 敢于尝试	愿意参加自己熟悉的活动，接受有把握完成的任务。	在成人的鼓励和引导下接受有挑战性的任务。	主动接受和参与有挑战性的任务。
C2. 问题解决	出现问题时会寻求帮助，或附和众人。	遇到困难和问题时有意愿自己想办法解决，但努力程度有限。	遇到困难和问题时会开动脑筋，当一个方法行不通时，会再寻找各种新的办法。

续表

关键发展指标	阶段 I	阶段 II	阶段 III
C3. 目标坚持	会有始有终地完成简单的工作。	即使遇到困难，也会坚持下去。	花很长一段时间在一件工作上，不轻易放弃或改变自己的目标，能自觉完成需要坚持一段时间的任务。
D1. 乐于接触	能和别的幼儿一起做事或游戏。	对同伴活动表现出兴趣，愿意主动接近并加入某个团体。	喜欢与不同的人交朋友，主动寻找并建立人际关系。
D2. 互动表达	会对别人的意见或问题加以回应。	可以自发引起一段对话，或延伸与别人的对话。	会与成人或同伴来回交换意见。
E1. 冲突解决	接受成人或同伴的建议来解决冲突。	遇到冲突后，先尝试提出解决的办法，再寻求成人的帮助。	遇到冲突后，主动提出解决方法，并经过自主沟通协商最终达成协议。
E2. 分工协作	当有人邀请时，愿意合作，共同游戏或完成任务。	愿意和同伴共同游戏，在与同伴合作的过程中配合非常默契。	会制定游戏规则，组织、带领同伴一起游戏。

（六）补充行为示例

为了更进一步突出儿童主动学习关键发展指标在实践应用中的可操作性，方便一线幼儿园教师直接依据该指标对儿童的主动学习进行观察与记录，本研究还需为所确立的关键发展指标添补儿童典型行为示例。基于之前对开放式问卷收集到的儿童行为表现特征的编码整理，研究者在从属于同类关键发展指标的行为特征条目中挑选出最突出的行为特征条目。为了方便理解，研究者对于部分行为示例做了文字上的重新表述和语序调改。至此，每个关键发展指标都包含了具体的指标定义和相应的典型行为示例，帮助教师直观明了地领会指标的确切含义，使指标更易于操作。各指标行为示例详见表 2-10。

表 2-10 主动学习行为指标的示例

关键发展指标	发展阶段 I 典型行为示例	发展阶段 II 典型行为示例	发展阶段 III 典型行为示例
A1.适应融入	例：在户外活动时间，他一直在看小朋友玩球，但就是不愿松开老师的手去加入游戏。	例：进行律动练习时，她总是要求老师牵着她的手，一起做动作。	例：来到沙土区，他立即挽起袖子投入活动，用小铲子挖土，将土装进磨具，做出各种小动物造型，整个过程他都兴致勃勃。
A2.计划选择	例：区域活动前，老师询问每个人的工作计划，他指向拼图。	例：老师问他想去哪个区玩，他回答说："娃娃家。"	例：在计划时间，她对老师说："今天，我们要去故事剧场，我想当公主。所以我要先去娃娃家打扮一下，戴一条红色的项链，穿上闪亮的鞋子，还要找个皇冠。"
B1.善于观察	例：早上进园时，她发现幼儿园门口的玉兰花开了。	例：他用放大镜观察养殖区的毛毛虫，指出毛毛虫身上不同的花纹样式与颜色。	例：他把找来的各种东西都放进水里，逐一尝试，看哪些东西会沉下去，哪些东西会浮上来。
B2.喜欢提问	例：老师正在示范画水墨画，他指着砚台问："这是什么？"	例：在户外活动时间，他惊奇地指着天上问老师："老师你看，天上有月亮，白天怎么会有月亮？"	例：他问老师："为什么会下雪？"老师说："天冷了，天上的雨就变成了雪。"他又问："雪为什么飘到地上就不见了？"老师说："雪化成了水。"他接着又问："那水又去哪里了呢？"
C1.敢于尝试	例：在户外活动时间，他总是只玩一种器材。	例：在老师的鼓励下，他尝试去学习一个新的舞蹈动作。	例：在测量距离的活动中，老师请一名幼儿独自步行去园长办公室，并计算所需步数，他第一个举手表示愿意去，并顺利完成任务。
C2.问题解决	例：在折纸活动中，有个地方不会折，他大叫让老师来帮自己折。	例：她用面团捏小人，但面团太黏，她试着抓更多的面粉，想让面团变硬，但揉了几下发现面团还是黏手，她便请求老师帮助。	例：午睡后，他发现鞋子被踢到床底下了，为了把鞋子取出来，他先尝试用手，后来用腿，都没有够到。再后来他又尝试推床，但发现根本推不动。最后，他去洗手间取来扫把，终于将鞋子从床下拨出来了。

续表

关键发展指标	发展阶段 I 典型行为示例	发展阶段 II 典型行为示例	发展阶段 III 典型行为示例
C3. 目标坚持	例：他可以独立完成4片拼图的拼摆。	例：他在建筑区搭建城堡，一侧城墙不小心被碰倒后，他捡起积木开始重新搭。	例：为完成"比较一周中同一时间的温度"的任务，他每天都记得定时去室外测量温度。
D1. 乐于接触	例：她和另一个小朋友一起在水池边，共用一个水桶玩水。	例：她在戏剧扮演区看其他小朋友排练童话剧，当缺少一个角色时，她表示自己可以扮演，从而加入排练中。	例：班里新来了一个小朋友，他主动走过去和新朋友打招呼，交朋友，邀请他和自己一起玩。
D2. 互动表达	例：当老师问她春节过得怎么样时，她拿着照片说："我和爸爸妈妈去了海边。"	例：区域活动后，她高兴地告诉老师和同伴自己会玩魔尺了，而且还主动和别人讨论魔尺还能变成什么。	例：他与同伴一起讨论"鲸鱼是不是鱼"这个问题时，列举了鲸鱼不是鱼的多个理由，并用事实反驳了那些持相反意见的同伴。
E1. 冲突解决	例：他在和同伴玩陀螺时发生了争执，老师说每人一次转一下，轮流玩，他点头答应。	例：在拼插区，为了借同伴的红色插件，他拿自己的蓝色插件去交换，但同伴不肯，他便呼喊老师。	例：她与同伴为扮演不同的角色发生争执，之后她提议抽签，并组织大家制作代表不同角色的便笺，最终通过抽签完成角色分配。
E2. 分工协作	例：在建构区，一个正在搭建立交桥的同伴让他帮忙搭一个隧道，他表示愿意，并马上去寻找合适的拱形积木。	例：他和其他几个同伴一起合作制作圣诞卡，一个画松树，一个剪雪花，一个粘贴装饰物。	例：他和几个小朋友一起在玩娃娃家，他对另外三个同伴说："我们开饭店吧，你当服务员，你当客人来点菜，我当厨师来炒菜，好吗？"

　　至此，研究最终完成了对儿童主动学习关键发展指标的构建，开发了相应的观察条目指南和教师检核表（见附录），其中观察条目指南具体包括儿童主动学习的基本维度、关键发展指标构成，以及每个指标相应的含义解释说明；而教师检核表则进一步将每个关键发展指标分解为三个儿童发展阶

段，其中每个发展阶段包含了细化的阶段说明和相应的儿童典型行为示例。

五、对学前儿童主动学习关键发展指标的检验

为考察本研究所建构的学前儿童主动学习关键发展指标体系是否合理有效，本研究选择了内容效度检验，以考察学前儿童主动学习关键发展指标的效度。

（一）专家评定

确定内容效度的方法，目前常用的是邀请相关领域的专家按照测量的目的、范围要求对命题的逻辑分析、测验题目的适宜性、合理性进行判断和评价。假使测验题目能够比较准确地反映被测量的内容并得到专家的认可，那么我们就说此次测验具有良好的内容效度。这种认定方式与逻辑相符，也比较科学合理，所以内容效度有时又称为"逻辑效度"。[1]具体到主动学习关键发展指标的内容效度是指关键发展指标能否切实地反映指标订立的目的，这就要求指标的设计要严谨合理，指标描述要准确清晰，不能模棱两可，能够有代表性地反映指标所要分析的目标范围。

具体来说，本研究选取了儿童发展或学前教育领域的理论专家和幼儿园实践方面的教学专家对儿童主动学习关键发展指标的合理性进行评价。首先，本研究编制了"学前儿童主动学习关键发展指标专家评定问卷"。该问卷由问卷说明和主体两部分构成。其中，问卷说明包括指导语、5 个维度、11 项关键发展指标以及相应的操作性行为表现和 3 个发展阶段。研究者要求被试对每个指标的拟定及其发展阶段划分的合理性进行 1—5 分的评价，其中 1 代表"非常不合理"，2 代表"比较不合理"，3 代表"一般"，4 代表"比较合理"，5 代表"非常合理"。得分越高，表示指标拟定或发展阶段的划分越合理。

之后，采取方便取样的方式，选取北京地区的被试共计 23 名。其中，

---

[1] 彭凯平. 心理测验：原理与实践 [M]. 北京：华夏出版社，1989.

13 名为理论专家，全部来自高校和研究机构；10 名为教学专家，主要来自市级示范幼儿园、一级一类幼儿园。具体的被试信息如表 2-11 所示。

表 2-11　学前儿童主动学习关键发展指标专家评定问卷被试基本信息

	性别		学历		职称		
理论专家	男	女	硕士	博士	中级	副高	正高
	4	9	2	11	4	7	2
	性别		学历		教龄		
教学专家	男	女	大专	本科	小于 5 年	5—10 年	10 年以上
	0	10	4	6	3	5	2

实施过程采用电子邮件沟通的方式，研究者请专家针对评定问卷完成打分，为了进一步了解专家的打分依据和对指标的更多评论，研究者在之后还对其中的部分专家进行面对面访谈。13 名理论专家和 10 名教学专家对关键发展指标和发展阶段合理性的评价结果见表 2-12。

表 2-12　专家对学前儿童主动学习关键发展指标合理性的评定结果（M±SD）

维度	指标	理论专家评分（N=13）		教学专家评分（N=10）		t
		M	SD	M	SD	
主动参与	适应融入	4.62	0.506	4.60	0.516	0.072
	计划选择	4.85	0.376	4.70	0.483	0.818
主动发现	善于观察	4.54	0.660	4.30	0.675	0.851
	喜欢提问	4.77	0.439	4.80	0.422	−0.170
主动探索	敢于尝试	4.69	0.480	4.80	0.422	−0.561
	问题解决	4.54	0.519	4.50	0.527	0.818
	目标坚持	3.69	0.480	3.50	0.707	0.777
主动交往	乐于接触	4.85	0.376	4.80	0.422	0.277
	互动表达	4.77	0.439	4.60	0.516	0.850
主动合作	冲突解决	4.62	0.506	4.50	0.527	0.532
	分工协作	4.62	0.506	4.70	0.483	−0.405

从表 2-12 可以看出，对于理论专家来讲，合理性得分最高的三项指标为 "计划选择""喜欢提问" 和 "乐于接触"，合理性得分最低的三项指标为 "目标坚持""善于观察" 和 "问题解决"。对于教学专家而言，合理性得分最高的三项指标为 "喜欢提问""敢于尝试""乐于接触"，合理性得分最低的四项指标为 "目标坚持""善于观察""冲突解决""问题解决"。尽管两类专家对于各评价指标合理性得分高低存在不一致，但是在每个指标上，经过独立样本 t 检验发现，两类专家的评分并不存在显著差异，除了 "目标坚持" 的评分略低，其他各个指标合理性得分基本都在 4.5 分左右。

进一步从两类专家对指标合理性评分的标准差来看，对于理论专家和教学专家来说，合理性得分最高的几项评价指标，其离散程度也最低，这说明专家对这几项指标的合理性具有非常一致的看法。但理论专家和教学专家所给出的合理性得分最低的几项评价指标，其离散程度也都相对较高，这表明，专家对这几项评价指标的看法存在一些差异，虽然多数专家对这几项评价指标的合理性评分不高，但仍有部分专家认同这几项评价指标，认为它们非常合理。总体来看，从专家对关键发展指标合理性的评定结果来看，可以认为，本研究建构的儿童学习关键发展指标基本合理（见表 2-13）。

表 2-13　专家对学前儿童主动学习关键发展指标发展阶段划分合理性的评定结果（M±SD）

维度	指标	发展阶段	理论专家评分		教学专家评分		t
			M	SD	M	SD	
主动参与	适应融入	阶段 I	4.31	0.480	4.50	0.527	-0.913
		阶段 II	4.23	0.599	4.10	0.568	0.531
		阶段 III	4.36	0.519	4.50	0.527	-0.175
	计划选择	阶段 I	4.69	0.480	4.70	0.483	-0.038
		阶段 II	4.46	0.776	4.20	0.789	0.795
		阶段 III	4.23	0.599	4.00	0.816	0.783

续表

维度	指标	发展阶段	理论专家评分		教学专家评分		t
			M	SD	M	SD	
主动发现	善于观察	阶段Ⅰ	4.31	0.751	4.30	0.675	0.025
		阶段Ⅱ	4.54	0.660	4.30	0.675	0.851
		阶段Ⅲ	4.15	0.689	4.30	0.675	−0.509
	喜欢提问	阶段Ⅰ	4.38	0.506	4.30	0.675	0.344
		阶段Ⅱ	4.62	0.650	4.40	0.516	0.858
		阶段Ⅲ	4.46	0.519	4.60	0.516	−0.636
主动探索	敢于尝试	阶段Ⅰ	4.69	0.480	4.60	0.516	0.442
		阶段Ⅱ	4.69	0.480	4.40	0.516	1.401
		阶段Ⅲ	4.46	0.519	4.40	0.516	0.283
	问题解决	阶段Ⅰ	4.23	0.439	4.40	0.516	−0.850
		阶段Ⅱ	4.00	0.707	4.10	0.568	−0.365
		阶段Ⅲ	3.92	0.641	3.90	0.738	0.080
	目标坚持	阶段Ⅰ	4.54	0.519	4.60	0.516	−0.283
		阶段Ⅱ	4.38	0.506	4.40	0.516	−0.072
		阶段Ⅲ	4.54	0.519	4.60	0.516	−0.283
主动交往	乐于接触	阶段Ⅰ	4.62	0.506	4.60	0.516	0.072
		阶段Ⅱ	4.46	0.519	4.70	0.483	−1.125
		阶段Ⅲ	4.38	0.506	4.40	0.516	−0.072
	互动表达	阶段Ⅰ	4.69	0.480	4.50	0.527	0.913
		阶段Ⅱ	4.54	0.519	4.40	0.516	0.636
		阶段Ⅲ	4.54	0.519	4.50	0.527	0.175
主动合作	冲突解决	阶段Ⅰ	4.77	0.439	4.50	0.527	1.338
		阶段Ⅱ	3.85	0.555	3.90	0.738	−0.200
		阶段Ⅲ	4.46	0.519	4.40	0.516	0.283
	分工协作	阶段Ⅰ	4.62	0.506	4.70	0.483	−0.405
		阶段Ⅱ	4.46	0.519	4.60	0.516	−0.636
		阶段Ⅲ	4.38	0.506	4.60	0.516	−1.003

从表 2-13 可以看出，对于理论专家来说，除了"问题解决—阶段Ⅲ"和"冲突解决—阶段Ⅱ"低于 4 分，其他各阶段得分均在 4 分以上。而对于教学专家来说，同样是除了"问题解决—阶段Ⅲ"和"冲突解决—阶段Ⅱ"低于 4 分，其他各发展阶段得分均在 4 分以上。而这两个低于 4 分的发展阶段也都非常接近 4 分。经过独立样本 t 检验发现，两类专家的评分不存在显著差异。这表明，本研究对于儿童主动学习关键发展指标发展阶段的划分也比较合理。

（二）教师评定

本研究建构学前儿童主动学习关键发展指标的主要目的是希望幼儿园教师能够在真实的教育实践中使用它，为教师对儿童主动学习行为的观察、识别及支架提供指引，从而促进教师对儿童主动学习的支持。为了考察教师对不同指标内涵以及每个指标阶段划分的理解与区分，研究者邀请多位一线教师对应指标框架，将研究者之前选择的 33 条儿童主动学习典型行为示例进行归类。

具体做法是，教师归类前，研究者提前将 33 条儿童主动学习典型行为示例进行了随机编号处理。实际归类过程中，研究者先后提供给教师两份材料，一份是只含有主动学习关键发展指标的分类框架，其中附有相应的指标内涵解释说明；另一份是带有编号的 33 条儿童主动学习典型行为示例。研究者首先请教师先仔细阅读第一份材料。在教师对主动学习关键发展指标的内容有所理解的基础上，研究者随后又向教师提供了第二份材料，请教师逐一将第二份材料中典型行为示例编号，按照不同指标内涵的解释说明，对应填入第一份材料的关键发展指标框架中。在教师完成归类后，研究者又对他们进行深入访谈，以便了解教师在归类过程中遇到的问题，以及他们对指标更多深入的意见与建议。

教师归类的正确性可以反映两方面的问题：其一，若教师可以将儿童的不同行为表现与相应的主动学习关键发展指标一一对应，说明指标的表述和内涵解释是可以被一线教师所理解和接受的；其二，若教师在指标归类正确的基础上还可以将儿童的不同行为表现对应匹配至单个指标内不同的发展阶段，则说明指标的阶段划分具有一定区分度。

　　通过对教师归类正确性的统计发现，大部分教师都能理解具体指标的内涵所指，并可以区别不同的儿童主动学习行为之间的阶段划分。然而通过进一步访谈得知，个别教师在归类过程中，发现极个别的儿童主动学习行为有可能符合不止一项关键发展指标的内涵所指，比如"适应融入—阶段Ⅱ"与"敢于尝试—阶段Ⅱ"、"计划选择—阶段Ⅱ"与"互动表达—阶段Ⅰ"以及"乐于接触—阶段Ⅰ"与"分工协作—阶段Ⅱ"。研究者根据这些意见反馈重新修订了个别指标的内涵说明，对部分行为表现示例也做了相应调改。

第3章

促进教师支持儿童主动学习的行动研究

　　教师只有通过自身对儿童主动学习的研究，才有可能促使教师转换视角，真正站在儿童的角度思考儿童学习行为的发生与发展，并在此基础上实现对儿童主动学习的有效支持。然而对于"教师如何有效支持儿童主动学习"这一研究问题，缺少最为关键的中间一环，即教师通过何种途径、运用何种方法实现对儿童主动学习的有效支持。换句话说，幼儿园教师支持儿童主动学习的过程机制已成为目前相关研究的一个黑箱，但这正是一线教师面临的最直接也是最实际的问题。

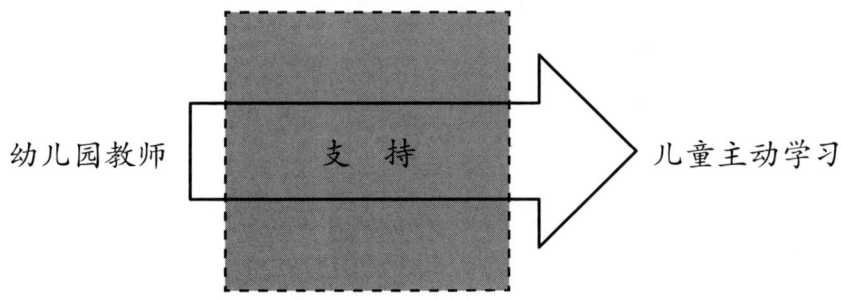

幼儿园教师　　支　持　　→　儿童主动学习

　　借鉴行动研究"发现问题、行动、反思、修正"的循环历程，我们将探讨教师如何有效支持学前儿童的主动学习。具体有以下三个研究目的：实施、检验学前儿童主动学习关键发展指标的合理性和可操作性；实施、检验Z型教研模式路径的可行性和有效性；综合检验行动研究对"教师支持儿童主动学习"的影响与作用。

一、研究目的

促进教师支持儿童主动学习的行动研究是以下几个问题为出发点来展开的。

（1）对支持工具的合理性和可操作性的检验：学前儿童主动学习关键发展指标体系的内容是否合理？是否便于教师的操作与使用？

（2）对支持路径的可行性和有效性的检验：通过 Z 型教研模式，是否可以达成"以研究促支持"的路径设想？

（3）对支持方案实施效果的检验：通过实践中对支持路径和支持线索的实施运用，检验该套支持系统是否切实可行，是否积极有效，是否可以促进教师对儿童主动学习的理解与支持。

二、研究对象

基于现有研究资源，并结合园所的参与意愿，研究者选择了北京市两所幼儿园（为方便在后续研究中进行表述，将其命名为 A 园和 B 园）作为具体的研究场域。其中 A 园是北京市的一所一级一类幼儿园，幼儿园教师队伍的科研氛围较好。B 园同样是北京市的一所一级一类幼儿园，园领导也比较欢迎来自高校的科研项目，认为这对教师的专业发展、幼儿园的科研建设有直接促进作用。

在联系确立合作研究幼儿园的基础上，研究者需要在每所幼儿园内选择部分教师组成固定的行动研究小组，以保证行动研究的顺利开展与稳步推进。考虑到行动研究的最终效果，以及数据回收与分析的可行性和实际工作量，研究者对行动研究小组的规模和参与教师人数进行了一定的限制。行动研究对参与教师的选择与确定最重要的标准是教师的自愿性，因为只有自愿，教师才能够热情积极地投入到行动学习中，互相坦诚交流，深刻反思。最后，研究者分别与每所幼儿园的 10 名教师结成行动研究小组，两园参与教师共计 20 名，教师基本情况见表 3-1。

表 3-1　行动研究参与教师基本情况

所在幼儿园	教师代号	性别	学历	教龄
A 园	ZY 老师	女	本科	4 年
	PT 老师	女	本科	3 年
	HY 老师	女	本科	5 年
	HP 老师	女	大专	6 年
	LM 老师	女	本科	3 年
	LX 老师	女	大专	7 年
	XH 老师	女	本科	5 年
	DQ 老师	女	大专	2 年
	SX 老师	女	大专	6 年
	ML 老师	女	大专	7 年
B 园	FQ 老师	女	本科	3 年
	DC 老师	女	大专	8 年
	CJ 老师	女	本科	4 年
	LZ 老师	女	本科	5 年
	JJ 老师	女	大专	7 年
	WZ 老师	女	本科	1 年
	LW 老师	女	大专	6 年
	HJ 老师	女	大专	4 年
	LY 老师	女	本科	3 年
	ML 老师	女	大专	9 年

三、研究过程

在行动中认知、在行动中反思以及对行动做反省是行动研究的主要特点。本研究根据以上行动研究的相关理论指导原则，再根据自己的研究需要和研究条件，以儿童的主动学习为核心，从操作方案本身和课程之外的活动延伸两个角度来设计、实施行动策略。为了让教师关注儿童的学习行为，识别儿童的主动学习过程，进而分析儿童行为背后的原因，形成支架儿童下一步发展的策略改进，研究者计划通过三轮行动研究对研究目标进行任务分解，在每轮行动研究中有针对性地解决教师某一方面的具体问题与困惑。具体的行动思路如下。

第一轮行动研究将借助"学前儿童主动学习关键发展指标"，在具体的研究过程中，研究者与合作教师在教学现场直接运用由该指标确立的结构化观察记录表，一起对儿童的主动学习行为进行重点观察、记录。

第二轮行动研究中，研究者将与合作教师共同展开教研反思，聚焦、放大儿童主动学习的过程，借助"学前儿童主动学习关键发展指标"中的发展序列，识别所观察儿童具体所处的发展阶段。

第三轮行动研究中，研究者与合作教师将针对关注和识别的儿童主动学习行为，反思原有支架与儿童主动学习之间的关系，并尝试搭建新的支架，以帮助儿童从现有的发展阶段迈向下一个发展阶段。

如此，将行动研究的任务分解为多轮，一方面，分散和减轻了教师实现观念与行为方式转变的阻力与压力，循序渐进，为教师接受与内化干预方案留出时间；另一方面，研究者也可以不断反思改进，在上一轮行动研究的基础上调整优化下一轮的行动计划，逐层深入，扎实推进，保证最终整体行动研究的质量与成效。

（一）第一轮行动研究：从关注儿童的主动学习行为出发

大量研究已证明，观察和记录是实现教师了解儿童学习行为和过程的有效途径与适宜方法。基于此，行动研究确立了第一轮的研究目标，即帮助教师通过有效的观察记录实现对儿童学习行为和过程的关注与了解，为之后更深入地识别儿童的主动学习行为奠定基础。

那么，如何观察和记录才称得上有效呢？通过何种方法才能保证教师的观察记录不流于形式，切实有效地支持教师对儿童主动学习的研究与支持呢？基于理论研究，研究者确立了观察记录的两个基本原则，即有目的地观察和客观翔实地记录，并通过理论培训、实操练习以及运用结构化的观察记录表，帮助教师实现有效观察与记录。

1.树立观察意识

有关观察记录的理论培训穿插在行动研究的过程中，结合研究目的和教师的实际需求，研究者与支持团队为行动研究的合作教师组织开展了 4 次专题讲座，涉及主题与内容提要如表 3-2 所示。

表 3-2　专题讲座内容

讲座主题	内容提要
教师为什么需要进行观察与记录?	• "积极观察"与"消极旁观"的区别 • 教师的角色 • 课程设计与观察记录
何为逸事记录?	• 几种常见的儿童行为观察记录方法 • 何为逸事记录 • 逸事记录的特性 • 逸事记录的优势
如何进行逸事记录?	• 观察目的的确定 • 观察情境的选择 • 观察工具的准备 • 观察记录现场的注意事项 • 归纳整理 • 诠释分析
实操练习	• 观察记录单的介绍说明 • 事件描述举例 • 快速记录的方法

2.制定观察目标

在研究的最初阶段，为了帮助教师降低观察记录的难度，研究者配合教育活动事先拟定观察点，帮助教师明确观察目标，以实现有效观察。由于集体教学活动一般具有明确的预设活动目标，研究者可依据教师的教学活动设计，提前确立各个活动对儿童主动学习不同维度的侧重，有针对性地选择主动学习个别关键发展指标作为具体的观察点，并在此基础上设计与之相匹配的观察记录表。此外，在活动前，研究者还与教师就本次活动的预设目的和需要重点关注的观察点进行充分沟通，确保教师在活动过程中有目的、有针对性地关注儿童主动学习某一方面的关键发展指标。

由于集体教学活动一般都具有明确的预设活动目标，研究者可依据教师的教学活动进行设计，提前选定主动学习关键发展指标。在活动过程中，教师则对照与教学活动相配套的观察记录表，着重关注选定的指标，选择在该指标上行为表现突出的儿童作为记录对象。相对而言，区域活动并不限定儿童的活动区域，观察记录者只能重点关注某个区域或个别儿童。所以，区域活动观察记录表的设计突出对个别儿童的重点观察记录，需要教师事先明确具体的观察对象，对关键发展指标不做具体限定。比如在娃娃家，除了预期可观察到的很多假装行为之外，还可能会看到儿童尝试用各种不同的方式摊平面饼；或点数计算自己制作的饼干个数；或向同伴解释饼干制作的步骤；抑或正在接受顾客的点餐要求，在便笺簿上写下订单；还有可能走近你，邀请你参加她的游戏。可以看出，通过细致的观察，一个区域内会包含多个不同的观察项目。

形象地说，教师一旦开始观察，就必须在内心警示自己，现在已进入观察时间，要上紧发条，让神经变敏锐，随时仔细地观察教室内儿童的活动情形。一旦出现自己认为重要的事件或行为，抑或自己感兴趣的事件或行为，就要像摄影机启动电源一般开始"录像"，将事件或行为翔实地记录下来。带着"观察"的眼睛，教师迈开了研究的第一步，用灵心慧眼去观察儿童的主动学习，发现平时忽视的小细节、小问题、小缺点，见微知著，着意改变。教师的每一次观察都可以说是一次教研，这就为教师在教育过程和教学研究之间打通了道路，同时也为教师的专业发展开辟了很好的路径。

3. 提高记录能力

观察记录要突出对儿童重要日常行为的简短片段进行描述。既然观察者像摄影机一般，就应以拍到的事实为准，不添加个人的情绪感受。最开始记录儿童逸事笔记时，需遵循以下原则。其一，何时？何地？和谁？因为该系统关注儿童随时间的变化，所以给任何记录标上日期很重要。除了日期，还要记下活动是在日常流程中的什么时段发生的，在什么地方发生，和谁一起进行的。其二，简短简明，但要保证包括特定的细节。想要为每名儿童对应每个观察项目写下详细的内容是不现实的，所以应尽可能简短地记录，只需要包括能帮助教师在之后重构所发生的事情时所需的足够细节，即从行为发生的背景开始记，然后描述行为，并以行为结果以及儿童对行为的解释做结。

为了提高教师的记录能力，研究者特意组织了两次有针对性的实操练习，提供多段时长较短的儿童典型行为影像资料，请合作教师在限定时间内完成简短且细节充实的观察记录。当所有教师完成每段影像的儿童行为记录后，研究者汇总全部记录单，利用投影设备逐一展示每份记录单上不同教师对同一段儿童行为的不同文字描述。通过比较，合作教师很容易发现不同记录单的差异性。随后，研究者结合案例，针对逸事记录的要素，对教师记录单进行重点分析，与合作教师一同总结观察记录的注意事项，分享记录技巧。此外，研究者还向教师介绍了记录时可采取的各类简称、代号或缩写形式，方便教师节省记录时间。

诚然，记录能力的提高是实现有效观察记录的重要保障，但事后的及时补充整理也同样不容忽视。先快速记录，但一定要在所观察的情境还在头脑中十分鲜活的时候，就马上动手整理，从而准确解读先前写下的种种符号的意义，及时还原、充实所缺内容。

行动研究第一轮旨在借助学前儿童主动学习关键发展指标 5 个维度、11 项可观察记录的具体指标，将对儿童主动学习的观察记录过程系统化、目标化。但这并不意味着需要对每一次观察记录活动进行严格的规定或固化，对观察时间、观察对象与观察指标的选择取决于观察者的具体需求和运用观察记录表的熟练能力。教师可以选择一次仅关注一个特定项目，如在区域活动时间内，选择"主动参与"维度中的"选择操作"这一关键发展指标，观察儿童对活动区及操作材料的自主选择和独立操作行为。为了保证所有儿童均被关注与支持，教师可提前进行观察计划，每天或每两天关注一些不同的儿童。与此同时，教师需要保证在一段工作时间内着重观察教室里的某一特定区域，以获取更为细致和准确的观察实录。

（二）第二轮行动研究：以识别儿童的主动学习过程为桥梁

在第一轮行动研究中，研究者引导教师尝试在真实的教学环境中运用"学前儿童主动学习关键发展指标教师检核表"。通过研究者的参与式观察和随机教师访谈，发现部分教师只是对应不同的关键发展指标机械填空，更像是在完成作业。"看到了"不等于就"理解了"。合作教师对于主动学习的内涵实质以及对儿童发展的价值意义缺少理论层面的理解，更重要的是对于如何解释分析儿童主动学习行为缺少一种研究自觉，未形成实践层面的反思。

基于对以上问题的发现与反思，行动研究第二轮的重点从第一轮的现场观察记录，转变为观察记录后的集体教研讨论，旨在帮助教师在不断熟悉、掌握主动学习行为表现类型的基础上，支持教师分析儿童主动学习的动态过程，依据主动学习行为阶段的发展序列识别对应儿童目前所处的发展阶段，进而明确下一步的发展目标。

1. 聚焦、放大儿童的学习过程

真实性评价就是观察记录儿童如何完成一项工作的过程，它要求教师在儿童建构答案的过程中发现儿童的学习与思考历程，也就是说若想对儿童进行真实性评价，必须关注儿童的学习工作过程。只有借助评价，才能深入分析。只有基于分析的合理解释，才有可能形成有效的支架策略。

为了使教师更聚焦儿童学习的过程，研究者在之后的每次活动观摩过程中都特定选择某一名儿童，重点录制该名儿童在活动过程中的学习行为与过程，之后对所录视频进行重点环节节选。在集体教研环节，针对录像，研究者组织合作教师团队共同解剖麻雀式地对儿童的学习过程进行细节化的深度分析，剖析儿童的学习过程。如一名幼儿离开了其活动的区域，不能说他不专注，不主动，因为可能是他已经完成了原先的计划，也有可能他是去寻找相关材料或教师的帮助，这就需要研究者追踪观察，根据具体的情境来判定其行为的意义。此种录像教研方式借助镜头将儿童的典型主动学习行为表现放大，促使行动研究中的合作教师聚焦在同一个关注点上，大家各抒己见，充分讨论，彼此启发，通过对儿童主动学习过程的深描提升教师对主动学习内涵的反思与理解。

2. 识别儿童目前所处的发展阶段

评价是教师的儿童研究与支持过程中不可缺少的一部分。只有通过对儿童主动学习发展阶段进行评价，教师才能了解儿童的实际情况，进而把握活动和策略的实施效果，也才能针对问题调整教学活动与具体的支持策略，最终实现对儿童主动学习的支架作用。这里的评价是一种动态的评价，相对于静态评价，动态评价具有以下显著特点。❶其一，就评价对比对象来说，动态评价是拿自己和自己进行对比；而静态评价是将自己与他人进行对比。其二，就评价所关心的问题而言，动态评价关心的是被评价者如何学习，其学习和行为表现怎样才能够得到提高，能提高多少，达到理想的水平需要克服哪些障碍；而静态评价主要关心学习的结果以及被评价者能做什么，不能做什么，以及与同类人相比其水平如何。其三，动态评价强调评价者与被评价者之间的互动，强调评价和教学的结合，突出了解被评价者的学习过程和特点，着重考察被评价者潜在的发展水平；而静态评价则以客观、量化为特征，设计精密、结构性强。可以看出，动态评价强调对某一个体能力发展的全面评估，仅仅关注被评价者的实际发展区是不够的，还需重视其最近发展区，即了解、掌握被评价者明日能够形成什么，发展如何。

具体来说，基于对某一儿童的观察，教师需将观察记录对应具体的关键发展指标，并在该指标下选择最能代表儿童行为特点的发展阶段说明进行相应的阶段划分。主动学习关键发展指标帮助教师理解儿童主动学习所处的阶段与下一步的发展目标，并获取应从哪些方面支持儿童主动学习的知识，进而提供适宜的支架，实现儿童在其原有阶段上的发展。

当然，在观察项目中为逸事记录选择最匹配的关键发展指标并确定其发展阶段并不是一个一蹴而就的过程。开始时，最重要的是做大量的练习并使教师熟悉"学前儿童主动学习关键发展指标教师检核表"中的观察指标和发展阶段。一旦对所有的指标和发展阶段都熟悉了，教师只需偶尔参阅检核表，重点则又会重新回到细致观察和准确记录上。

（三）第三轮行动研究：用支架支持儿童迈向下一个发展阶段

在行动研究过程中，研究者与教师们一起研讨，逐一分析每一项关键发

---

❶　韩宝成. 动态评价理论、模式及其在外语教育中的应用 [J]. 外语教学与研究, 2009, 41(6): 452-458.

展指标对儿童主动学习的发展价值，进而探讨如何设计相应的活动，如何指导和帮助幼儿。这样，通过这种全面、详细的分析，教师们头脑中不断强化这样一种概念，即，我所要做的一切，包括活动的组织实施、对儿童的观察以及下一步对活动的改进，都始终要围绕着学前儿童主动学习关键发展指标以及儿童在各项指标上的具体行为表现来展开。通过这种活动，帮助教师不断丰富有关儿童主动学习的知识，从关注、识别儿童的学习行为出发，思考何时介入，提供支持。

1. 反思原有支架与儿童主动学习之间的关系

幼儿园教师在分析教育现象、反思教育过程中的问题时，往往会以"教"为中心，关注教师行为、教育内容、教具、具体教学指导策略等，导致有可能忽视儿童的原有经验、儿童的学习行为表现本身。正如研究者所说：这也是幼儿园教师的惯有思维，她们更倾向于关注教学方面的东西，而不是儿童的行为表现所传达出来的东西。

通过观察记录评价儿童的主动学习发展阶段，进而反思教师的教学与儿童的学习之间的关系，这是支架儿童发展的核心环节。在这一环节中，教师需要思考：儿童是否在活动中实现了主动学习？预设活动是否能满足儿童主动学习的需要？哪些环节或方面更能体现儿童的主动学习？如果没有，是什么阻碍了儿童的主动学习？

教师在对儿童学习过程进行细致、深入观察的基础上，应发现儿童学习活动的共性问题和个性问题，找到哪些问题需要个别提示、启发，哪些问题需要集体解决。

2. 尝试搭建新支架，帮助儿童迈向下一个发展阶段

福伊尔施泰因（Feuerstein）是动态评价范式的奠基人物，是互动式动态评价模式的坚定支持者。他提出的"中介学习经验"（mediated learning experience，MLE）理论认为，学习是一个相互作用的过程，教育者、学习者和学习任务三者之间不断相互作用。作为中介者，教育者有意图地选择、安排和重复那些对学习者认知发展重要的刺激，唤起他们的好奇心，保证学习者能以某种方式体验到这些刺激之间的关系。通过教育者的引导和支持，学习者不断取得进步，并将所学到的经验、知识和技能内化到原有的认知结

构中。

在主动学习的每个维度下，儿童的发展都是渐进的。儿童不是一下子就可以成为一个主动学习者的，而是遵循一系列的步骤，逐步迈向主动学习的各个里程碑。通过识别，教师知道某个儿童个体处于哪一个发展节点上，那么在支架环节，教师就应该决定提供哪些学习经验及具体的支架策略，以帮助儿童继续向前迈进。

（四）循环往复的 Z 型教研

梳理以上三轮行动研究，可以看出，关注儿童的主动学习行为实则是为了转变教师立场，实现教师对儿童主体性的关注与尊重；识别儿童主动学习的发展阶段是为了解释、分析儿童行为背后的原因，实现教师对儿童学习过程的理解；支架儿童的最近发展区是为了帮助儿童成功迈向下一个发展阶段，实现教师对儿童主动学习的支持。

以上由"关注""识别""支架"构成的教研活动，转变了之前"观课""评课"的传统教研模式，提倡在教研前利用结构化的观察记录表，有目的地关注儿童在活动中的具体行为表现，并在集体教研过程中有意识地围绕关键发展指标聚焦儿童学习过程，更为重要的是在策略改进环节，借助关键发展指标的发展序列，帮助教师为支架儿童的进一步发展提供可见的框架与指引。

四、研究资料

作为一项扎根实践的行动研究，由于研究内容会随着实际的研究进程不断调整，相比其他更为严谨的实验研究，行动研究的过程具有特有的流动性与不确定性。但研究过程的不确定性并不意味着对研究程序规范性的影响。为了达到预期研究目的，要获取可信的研究数据。在行动前，除了要明确行动研究范式下具体的研究方法选择外，研究者还需要同时明晰各类方法中涉及的具体资料类型，以便为之后的研究结果分析奠定基础。为此，该部分将重点说明研究资料的收集与分析，并探讨资料之间的三角验证等相关问题。

（一）研究资料的收集

通过规范的研究方法所得的研究资料是极其宝贵的。然而，面对海量的原始资料，如何通过有效的分类使其成为有价值的研究数据是社会科学研究尤其是行动研究必须面对的重点问题。行动研究中的研究资料包括所有形式和类型的信息、观察和事实，必须要很细致地收集和记录才不会失真，研究资料收集工作的真实性是检验行动研究有效性的关键因素。为了使原始资料转变为可以支持研究的有价值研究数据，研究者需要从研究之初就通盘考虑，具体做法是对研究过程中涉及的所有资料类型提前做出初步分类，以方便行动研究过程中资料的记录与收集，也利于行动研究结束后的资料分析与解读。资料分类方式主要以日期为主，再辅以中文或英文注记，各种资料分类代码对照说明如表3-3所示。

表3-3　行动研究资料分类代码对照表

资料分类代码	资料指代说明
K	指代全班幼儿或大部分幼儿
C1、C2、……	班级编号
C1-K1	班级幼儿编号
录像	指代录像转译数据
观察	指代儿童观察记录
研讨	指代Z型教研研讨录音转译记录
访谈	指代教师访谈录音转译记录
日志	指代研究者自己的研究日志记录
反思	指代教师的教学反思日志记录
活动	指代活动实录资料
意见	指代来自各方的意见或建议

（二）研究资料的分析

本研究对行动研究资料的分析大致经过了如下几个环节。

　　第一环节：将音频资料或通过其他方式所获得的初步资料转译、编码、归类，然后整理成书面文字，以时间顺序进行分类、比较，并与参与研究的教师资料形成相互检验。

　　第二环节：分析这些处理后的资料，包括观察记录、逸事资料、访谈资料、文件资料等，尝试从这些叙述性的资料或相关文件中寻找、挑选出与研究主题相关的意义和事件。

　　第三环节：初步确立描述架构，据此再次回到资料中寻找主题，即对搜集的所有资料，如观察记录、问题讨论的录音记录、教学日志及教学后的讨论、反思日记等，重新进行审视、挖掘，在反思调整中，使描述逐渐清晰、完整。

　　第四环节：结合文献资料，不断进行对话与反思，从而整理出行动研究对教师的各种影响与转变，并加以诠释，进而得到最终的研究结论。

（三）研究资料间的三角验证

　　研究者的角色与主观性对于研究的影响不但是必然的，而且是不可避免的。研究者应当努力的不是设法排除自己的影响，而是检视（monitor）自己的角色与主观性对于资料搜集与诠释的塑造（shaping）。为了避免研究过于主观，本研究将通过长期投入、持续观察、三角检视、多元资料搜集、研究者的反思等加强研究的严谨性、可信度，使得多方数据资料得以相互验证。

　　由于行动研究中的很多内容涉及集体教研环节，所以不同研究主体之间的交流是非常充分的，对主动学习关键发展指标和 Z 型教研模式的实践检验与提升在研究者与合作教师之间达成了共识。除此之外，在达成研究目标的过程中，研究者还尽可能地使用多方材料进行验证，如不定期请教专家、同行，或与其他研究者讨论交流，从第三者的角度获得对行动研究实施与推进的意见与建议。除了以上论及的资料收集方式外，教师的反思日记、网络交流媒体资料、家长间逸事交往、儿童行为反应等都是行动研究的资料收集对象。总而言之，行动研究的过程其实就是资料的搜集与分析，并赋予资料意义，再反省与修订，最后综合资料来诠释结果，并撰写报告的过程。

五、研究结果分析

研究者以教学活动观摩和参与教研活动的观察记录为基础，穿插由教师记录的儿童主动学习观察表和反思笔记，以及各类在正式与非正式访谈中所获得的相关资料，对行动研究的综合实施效果做出尽可能细致而全面的描述，对参与教师在行动研究中的转变进行整体分析。

（一）教师在关注环节的转变：从观察记录表分析教师"看什么"

很多幼儿园都要求教师记儿童观察日记，一方面记录儿童的成长历程，另一方面通过记录反思自己的教育教学。但在实践中，这一积极的教育理念往往流于形式。通过访谈，我们发现，教师对观察记录都很抵触，认为在教学任务之外额外增加了自己的工作量，更多是为了应付常规的考核要求而记录。

在行动研究中，主动学习关键发展指标为教师提供了一个结构化的观察框架，使得教师可以将儿童主动学习这一抽象概念具体化为可观察到的儿童行为表现，教师再以此为依据和参考，有重点、有选择地观察和记录儿童的主动学习行为表现。与此同时，借助主动学习关键发展指标对儿童发展阶段所进行的区分，教师可以区分不同儿童主动学习的差异性表现和特点，为之后有针对性地支持个体儿童奠定基础。

1. 观察目的更明确

（1）观察理念转变：从区分优劣，到读懂儿童行为

在行动研究前，教师的观察目的仍不清晰，关注意识仍不完全主动。为什么要观察？观察的目的是什么？这是教师不断追问的问题，对这个问题不明确或存在误解，观察、记录、评价、反思便无从开展。对于教师来说，观察是指向孩子的发展现状、需要，还是儿童表现的优劣，这是他们的第一个困惑。

S老师：我们一直也在做观察记录，通过观察记录我发现了，哦，这个

孩子表现好，这个孩子表现不好。然后针对不好的孩子，我设计一个什么活动去给他干预。我们现在基本都是这么做的，带着发现问题的眼光去看活动，去看孩子。

研究者：现在很多幼儿园老师确实是在观察记录上投入了很多的时间和精力，我也常常听老师说，观察记录可以督促自己更多地去观察孩子。但是，我们观察的目的是什么？是给孩子打分，看看高分和低分的孩子吗？看出了高低分以后呢？我们知道每个孩子都有个体差异，所以孩子之间的差异、发展速度的快慢、水平的高低是在平时相处中就能看出来的，为什么要通过观察记录呢？所以，我们要回归本源看这个问题，观察记录的对象是孩子，记录的内容自然是孩子的学习和发展，所以我们观察记录的目的是了解孩子当下的水平，通过我们真实、客观的记录，去理解孩子的行为，在此基础上让每个孩子在原有水平上得到发展。这是我们观察记录的目的。所以，当下您给孩子打什么分数、判断他处于什么水平并不重要，重要的是通过判断的过程，我们理解了孩子的发展。

S 老师：嗯，确实是这样，我们很多时候只忙着去做了，要我们做评价就做评价，要我们记录我们就记录，没有想过这么多，真的是还要回归到孩子去看待观察记录这件事。

通过教师与研究者的对话，可以看出，表面上似乎是教师没有理解观察的目的，但实际上是评价观、儿童观出现了偏差。通过行动研究，教师从最初将观察记录视为完成园所管理层要求的任务，转变为利用观察记录静下心去读懂孩子，记录孩子的成长，实现了理念上的重大转变。

（2）观察目的转变：从无目的观察，到以发展指标为导向的观察

在最初的几次教学活动后，研究者请教师对活动中儿童主动学习的具体行为表现进行描述说明，阐述自己是如何支持儿童的主动学习过程的。而多数教师均表示大多数儿童都积极参与了活动，且在活动过程中表现得认真投入，普遍完成了活动的预设目标。当再次追问教师是否可以举例说明个别儿童的主动学习行为时，教师的描述通常是泛泛而谈，且多基于平时对儿童的熟悉与了解，就儿童一贯的表现给予说明，无法做到针对活动中某一具体的行为进行分析、阐释。

平时我们做活动的时候，最能够引起老师注意的就是那些特别积极的孩子，因为他们在那儿跟你互动多，所以不得不关注他们，他们总是提问，总是要回答，所以不得不关注，对他们的观察就会多一些。不参与的孩子也能被发现，也会给他们一些机会去提问，对一般的孩子就会观察得比较少。老师比较容易观察到两个极端，特别积极的和特别不愿意参与的、有抵触情绪的，中间的孩子真观察不到。

——反思－教师 ZY

可以发现，教师对观察记录的理解存在一定的偏差，认为需要在活动中对班上所有儿童进行全覆盖式的观察记录，这种"大而全"的观察记录从形式上看是在用眼睛"看"儿童，实际上更多是教师通过纸笔记录、转述自己的已有经验，并没有实现观察记录的根本目的，即运用专业知识审视、分析儿童学习过程。

通过运用结构化的观察记录表，教师事先明确了观察指标或观察对象，在活动过程中，便能做到有目的、有重点地观察。研究者在最初阶段帮助教师确立观察目的，并与教师沟通讨论，在多次练习后，教师再进行观察时基本上可以针对主动学习关键发展指标，将观察聚焦到儿童主动学习这一行为本身上来。

在某次制作春联的集体教学活动中，某位教师针对主动学习关键发展指标中的"分工协作"这一项，对本班幼儿进行了重点观察，并记录了在"分工协作"这一关键发展指标上儿童各不相同的突出表现以及相应的发展阶段划分，部分观察记录呈现在表 3-4 中。

表 3-4 某教师关于儿童主动学习"分工协作"单项关键发展指标的儿童观察记录单

幼儿信息	教师观察记录
C1-K6 性别：女 年龄：5 岁 5 个月	C1-K6 和 C1-K3、K2 在同一个小组，但 C1-K6 始终一个人进行操作，与同伴没有任何交流。
C1-K3 性别：女 年龄：5 岁 8 个月	C1-K3 和 C1-K2 合作剪对联，C1-K3 拽着对角，撑平对联，C1-K2 用剪刀仔细沿对折线裁剪。

续表

幼儿信息	教师观察记录
C1-K23 性别：女 年龄：5 岁 7 个月	C1-K23 说：我做上联，（对 C1-K15）你做下联，（对 C1-K18）你做横批。

在之后的随机访谈中，这位教师也认为学前儿童主动学习关键发展指标为自己提供了一个结构化的框架，使得观察目的更明确，对儿童的了解也更深入。

这次在观察活动中提供了一个观察表，我重点观察了一个孩子，由于指标很具体，指标说明清晰明确，比起以往的观察来讲，更有目标了，有重点了，也对这个孩子观察得更加仔细、了解得更加充分。

——研讨 - 教师 PT

可以看出，区别于过于专业、抽象、理想化的操作指南，学前儿童主动学习关键发展指标聚焦于儿童生活的各个环节，重视真实性观察和逸事记录，将儿童观察、记录、评价变为可操作、有实效的一项常规工作。通过客观、全面、连续地记录儿童的日常生活，可真实且清晰地呈现出儿童发展的趋势脉络，同时完整保留儿童发展变化的所有过程性特点。这一点从下面这位教师的访谈资料中也可以看出。

以前园里的评价是每个期末都做一次，每个项目是 5 分制，然后进行对比。这种评价比较主观，是根据孩子平时的表现，不是根据某一次活动，通过这个学期期末的状态对比上个学期期末的状态，说明孩子的发展变化。而现在利用这个教师检核表，就会对孩子的发展现状有一个了解，在开展活动中孩子稍微能力弱一些或者不愿意参与，肯定会在以后多积极引导他一点。比如他不愿意回答问题，我可能会问一下他，让他来回答，或者参与的时候和他一起去操作，如沉浮实验中可以跟孩子一起操作，慢慢地就会有兴趣了。之前老师也知道要关注到个体和整体，但是没有将观察每一个孩子落实在纸上。与以往做的评价相比，现在的观察记录更有针对性、更细化，能更有目的地去观察和评价。

——研讨 - 教师 HY

2. 记录内容更准确

教师是否可以客观记录，直接关系到教师的观察记录结果是否能在之后的识别和支架环节被有效利用。另外，记录也可以从另一个侧面反映出教师关注的侧重点，通过那些不符合客观要求的记录单，我们甚至可以窥探出教师对儿童行为的曲解与误读。

这里需要说明的是，对客观记录的强调不是拒绝教师的思考，而是强调尽可能在现场有限的时间内，抓住儿童主动学习的典型行为事例，直接切入主动学习的关键发展指标，实现简短有效的记录，为日后更为深入、细致地分析与反思做好准备。教师的思考是下一环节即反思环节改进的重点，在活动现场，教师更需要集中注意力，观察儿童，高效记录，为支持儿童之后的发展收集足够多的行为证据。

（1）对主动学习内涵的理解更清晰

在之前的研究中，研究者对儿童的主动学习进行了指标化的拆解与具体化。在行动研究的教研中，我们又针对幼儿主动性的内涵、表现、结构、影响因素、支持策略等与教师进行了分享和研讨，促使教师对于主动学习有了更准确、系统、深入的把握和理解。从而，在实际使用研究者提供的观察记录工具时，教师可以借助检核表对儿童进行观察，进而熟悉了主动学习关键发展指标的框架结构。除了针对具体的学前儿童主动学习关键发展指标进行有目的的观察之外，随着教师观察意识的逐步提升，教师亦可将观察目的从关注指标本身，转向关注儿童个体，即重点观察某个特定儿童在主动学习各项关键发展指标上的具体发展情况，思考如何支持儿童个体的全面发展（见表 3-5）。

表 3-5　某教师对一名幼儿在一次区域活动中的观察记录

儿童信息	主动学习关键发展指标	教师的观察记录
C3-K11 性别：男 年龄： 5 岁 4 个月	A2. 计划选择	他告诉我："我今天要去建构区，造一个汽车工厂，所以我还要去找好多汽车，放在里面。"

续表

儿童信息	主动学习关键发展指标	教师的观察记录
C3-K11 性别：男 年龄： 5 岁 4 个月	C2.问题解决	他尝试在加油站和停车场之间建立一座连接桥，他先竖起来两块圆柱体积木，然后拿着长短不一的积木反复尝试。
	C3.目标坚持	搭完汽车工厂的加油站、停车场、小卖铺、高架桥后，他说："嗯，现在就差汽车了。"他看了看汽车工厂，去建构区拿来其他幼儿组装的汽车，逐个、整齐地摆进去。
	E2.分工协作	区域时间到了，他看了看四处散落的积木，抬头看到有幼儿已经坐在教室等待，便大喊："XX、YY，你们过来帮我收那一片的积木吧！"

（2）能够抓取到更有价值的关键事件

在一日生活中，师幼互动的频次和形式繁多，然而并非所有的事件都值得去记录和分析。如果教师缺乏对关键事件的把握，仅是完整呈现当时幼儿所有的行为和语言，很容易就会陷入流水账般的记录之中（见表 3-6）。通过行动研究，我们发现，教师在观察幼儿行为时，对于幼儿行为的辨别力、判断力有了显著提高，具体表现在教师客观描述和呈现幼儿解决某个问题的过程和某方面的进步，呈现幼儿学习和发展的结果。

表 3-6　行动研究前教师 DQ 的儿童观察记录单

幼儿行为观察与分析记录表			
姓名	年龄	备注	记录人
元元 （小名）	5 岁半	X	DQ
幼儿行为	入园：元元入园比较晚，有时候中午才来，经常在妈妈走后哭。有一次，因为妈妈刚走就是午饭时间，元元一边哭一边吃午饭，教师不让元元发出声音，吓得他哭得更加厉害了，哽咽着呛了饭，吐了很多在饭桌上。后来发现，只要妈妈和元元招手再见，元元一般恍惚一会儿便可以安静地自己找到位置坐下。但是如果妈妈忘记和他说再见，元元发现妈妈走了就会哭着要妈妈。		

幼儿行为	**集体教学活动：**一般情况下，元元坐在自己的位置不动，有活动的时候能坐到座位上完成活动，数学做得很快而且正确率很高，美术活动也很喜欢。在音乐活动中，如果轮到自己的小组上来表演，元元会单独走到我身后，牵着我，很害怕的样子，不肯表演。在一次科学活动"拆装圆珠笔"中，元元不肯到座位上去，我问他怎么了，他说自己没有笔，保育老师把自己的笔给元元，元元依然不肯。我把他安置在图书角的小桌子前，问他怎么了，他怯懦地说自己不会，我安抚他说："大家都是不会的，都是一点点地拆下来发现的，我相信元元也会和大家一样，是不是呀？"元元说了一句让我很诧异的话："我就是比别人差。"我想起元元以前是不愿意跟着别的老师去上公开课的，但是就在前几天的早晨，小班老师来借一部分孩子上音乐活动课的时候，我们班老师极力推荐元元，问元元是不是愿意推荐自己，元元很大胆地举手说："我愿意推荐自己。"还很勇敢地到大家的面前来大声地唱了一首外公教的《打靶归来》。并且在当天的公开活动中，也能站起来表现自己。我把这件事情重新讲出来，表示老师们都觉得他那天表现得棒极了，比别的小朋友都好，证明他是可以的，但是元元还是不愿意到自己的位置上与其他小朋友一起做作业，不过表示自己愿意在这个小桌子上和我一起完成作业。
	游戏：在角色游戏、区域游戏、建构游戏（建构室）等各种游戏中，元元都不参与游戏，更不能与其他幼儿沟通和合作。在区域游戏或角色游戏中，元元会拿着书坐在自己的小椅子上。当大家一起去建构室，没有书，元元会很不安地在建构室内来回走、跑，不与任何人讲话和互动。
	吃饭：元元吃饭正常，但是不愿意喝汤。如果吃不下了，不敢和老师讲，但是愿意对实习老师说自己不想吃。
	下午集体游戏：元元不愿意参与，只愿意自己站在旁边静静地看着。
	习惯性动作：伸手抓老师的衣服、撇嘴巴要哭、手指放在嘴巴里等。

从上一案例中可以看出，在没有儿童主动学习关键发展指标之前，教师的观察记录是冗长繁多的，因为教师不确定哪个内容能够体现最核心的问题、是有价值的，提出的建议也是大费周章地涵盖可能影响孩子发展的各个方面，而并没有明确问题症结。

在这个案例中（见表 3-7），主动学习关键发展指标为教师提供了一个结构化的观察框架，使得教师可以将儿童主动学习这一抽象概念具体化为可观察到的儿童行为表现，有目的地去抓取、记录与关键经验有关的关键事件，从而有重点、有选择地观察和记录儿童的主动学习行为表现，发现幼儿发展的个体差异。与此同时，借助主动学习关键发展指标对儿童发展阶段所进行的区分，教师可以区分不同儿童主动学习的差异性表现和特点，为之后有针对性地支持个体儿童奠定基础。

表 3-7　行动研究后教师 DQ 的儿童观察记录单

	出现问题时，寻求帮助，或附和众人。	遇到困难和问题时，有意愿自己想办法解决，但努力程度有限。	遇到困难和问题时，会开动脑筋，当一个方法行不通时，会再寻找各种新的办法。
C2. 问题解决	P 老师请小朋友们在本子上写自己的名字，飞飞拿着笔，左右看看身边的小朋友，又把笔在本子上点了点。他看到豆豆把笔放下了，对豆豆说："我不会写，你帮我写好吗？"	区域活动时间，毛毛在玩天平，他在左边托盘里放了一块积木，在右边托盘里放了一根塑料香蕉，天平歪向香蕉一侧。他又拿了一块积木放在左边托盘，天平歪向左边。他把材料放进玩具筐，转身离开桌子，去棋类区选材料。	午睡后，欢欢发现鞋子被踢到床底下了。他先尝试用手，后来用腿，都没有够到。再后来他又尝试推床，但发现根本推不动。最后，他去洗手间取来扫把，终于将鞋子从床下拨出来了。

3. 记录分析更科学

起初，利用结构化的观察条目指南有可能会使教师感到机械乏味。但随着教师对学前儿童主动学习关键发展指标越来越熟悉，教师获取的有关儿童主动学习行为的知识就会像放大镜一样，使得教师的观察越来越敏锐，从而引导教师开始对儿童主动学习的过程做出进一步的分析与识别。

（1）从关注活动组织和儿童学习结果，到关注儿童学习过程

传统教育观下，教师总是寄希望于有种权威的理论能明确儿童的学习是怎样发生的、规律如何。但是，这种被动的解读并不能让教师真正理解儿童的学习，而记录则彻底转换了教师在理解儿童上的思路，它使教师从复述他人话语的"复述困境"中拉回到"自己面向儿童的学习情景"中（见表

3-8）。❶教师从盲目地迎合理论潮流转向自我反思，从关注"自己怎么教"到关注"孩子怎么学"。教师基于自己的观察，更为积极主动地去思考儿童的学习过程。

表3-8　行动研究前教师 LZ 基于观察记录提出的改进策略

教育建议	1. 对丁元元的教育，最好的办法是家园合作。教师能更好地和家长沟通，把元元表现好的地方告诉家长，并鼓励家长，向家长宣传科学保育、教育幼儿的知识，让家长树立自信，家长才不会放弃对元元的干预。 2. 鼓励家长慢慢增加元元的在园时间，如果元元能早点入园，教师会在晨间锻炼之前与元元有更多单独的师幼互动时间。这能更好地培养元元对教师的信任，并对班级环境产生安全依恋感，并消除焦虑的情绪。 3. 鼓励家长带元元参加一些亲子班和一些元元感兴趣的兴趣班，诸如美术班和数学班，并适当降低年龄层次，让元元与年龄稍小一点、能力较弱的幼儿在一起，尝试互动和合作，让元元体验自信和合作的快乐。

从上一案例可以看出，教师的观察与记录存在以下问题：第一，观察对象虽然是儿童，但最终的落脚点却在教师以外的家长、教师组织技巧上，而非对儿童行为的理解和解读。第二，对观察记录的分析没有展现儿童当前的学习状态和学习过程，而是对儿童的现状给予了结果性的评价。

从行动研究后的观察记录单（表3-9）中可以看出，行动研究实施以后，教师在完成对儿童发展事件的记录之后，有意识地将对儿童表现的解读放在第一位，观察记录的关注视角真正从教学活动组织、儿童的学习结果，转移到了对儿童个体发展的关注之上。

表3-9　行动研究后教师 LZ 基于观察记录提出的改进策略

教育建议	1. 元元在与同伴交往中的不主动、逃避、不应答，出现的场景基本都是在元元操作材料的时候。在户外滑梯游戏时，元元会在兴奋时把头转向同伴，这说明元元并不是单纯地抗拒外界一切刺激，而是有时机、有选择性的。 2. 增加户外合作性游戏，通过材料引导元元主动寻找同伴、与他人交往。 3. 尊重元元在独自操作材料时的个人空间。

---

❶ 朱家雄，张婕，邵乃济，等. 纪录，让儿童的学习看得见 [M]. 福州：福建人民出版社，2008.

（2）从根据主观经验的判断，到依据客观发展指标的分析

教师是否可以科学理性地分析观察记录决定了教师能否准确地解读儿童的学习过程，直接关系到教师的观察记录结果是否能在之后的识别和支架环节被有效利用，能否为儿童搭建有效的发展支架。如果教师缺乏一个客观、准确的判断过程，则意味着观察记录是无效的，教师的引导会出现偏差。基于经验提出的策略也带有明显的教师个人色彩和情绪化，在教师把控的观察现场里，儿童成了被隐形的存在。

小皮是一个很活跃的孩子，平时很喜欢"捣乱"。但是老师批评他的时候，他不像其他小朋友一样，主动承认自己的错误，或者在老师的提醒下，能认识到自己的错误。他总是一副心不在焉、嘻嘻哈哈的样子，很让老师们头疼，老师一旦批评过了点，他就变得"一发不可收拾"起来，又哭又闹的，今天我又碰到了这种情况，他又大吵大闹，不会控制自己的情绪。

——教师 SX

行动研究后，借助客观发展指标的支架，教师能更好地对比、识别出幼儿所处的发展阶段，如表 3-10 所示。

表 3-10　某教师依据关键发展指标对学前儿童主动学习发展阶段的识别

行为指标	发展阶段	逸事和发展阶段识别
D2. 互动表达	阶段Ⅰ　会对别人的意见或问题加以回应。 阶段Ⅱ　可以自发引起一段对话，或延伸和别人的对话。 阶段Ⅲ　会与成人或同伴来回交换意见。	时间：8:40　活动场景：娃娃家 行为表现： 在娃娃家做饭时，CV 对 RE 说："我做饭，你照顾宝宝，不然宝宝该冷了。"RE："但是我现在想出去买点东西呢。"CV 说："你可以晚点再去买东西呀，咱们要有一个人照顾宝宝，我的锅里还在炒菜呢。" 发展阶段：　Ⅰ　　Ⅱ　　Ⅲ 　　　　　　　　　　　　　∨

4. 记录利用更充分

记录使得教育过程超越时空的限制，变得"可视化"，教师得以重新听、重新看、重新理解和发现儿童，据此冷静地反思自己的教育策略，捕捉即将

到来的新的学习契机，产生新的假设和下一步活动的计划。其实，教师解读观察记录的过程就是一个教师主动自我建构的过程。在这个过程中，教师一方面重新审视儿童的学习过程、捕捉教育问题，另一方面也在建构或修正原有的儿童观，实现自我的专业成长。

（1）教师自我反思的"思维支架"

教师的反思能力是实现持续成长、不断自我优化的一个重要素养，培养反思型教师也是教师专业发展的重要内容之一。通过系统的反思，抓住教育教学活动、儿童学习过程中的关键点，既是对教师逻辑思维能力的重要挑战，也是教师专业素养、理论素养的体现，它关乎着教育教学质量能否得到有效的、持续的改进，也关乎着教师能否正确地看待自己和儿童的学习过程。因而，将儿童主动性这一学习品质转化为教师进行系统反思的思维支架，对于教师有效地改进教育教学具有重要意义。

……另外就是观察孩子的形式，我也觉得挺好的，以后我们比如说想培养孩子一种能力时，我们也可以分组进行观察，学到了这么一种形式。完成活动之后的反思就觉得有可反思的东西了，以前完成活动之后就关注了大多数孩子，想不到那么具体，但是现在就真的只看那几个，然后再听别人说，因为孩子的表现就直接印证了这节课的策略是否合适。所以反思能力也比以前有提高，知道从哪里反思了。这个表特别具体，我就知道观察什么，怎么观察。

——访谈－教师 DC

（2）教师有效改善教育教学的重要依据

观察记录是对教育教学活动中真实发生过程的客观呈现，是教师教学效果的直接体现。因而，观察记录是教师教育行为的一面"反光镜"，在这面"镜子"中，教师既可以看到儿童的学习过程和发展过程，也会间接地看到自己所实施的教育教学，以此为据，发现教育教学中的问题与症结。

观察记录、制订教学计划，都会做，每天除了带班，就是写这些东西，每张纸上面都是密密麻麻的。但是，（教务）主任到底看不看，园长是不是会看，我们也不清楚，因为他们也不会特别跟我们去沟通这里面的东西，基本上写得没有特别明显的问题就行了。但是在班里实际上用不用这个，会不会按照观察反思去做，那就是另一回事了，毕竟每天都那么忙，变数也很大，对不对，也没人去刻意核对到底有没有按照你写的那样做，都没有的。但是现在呢，我有这样一些具体的指标，我知道它们是孩子发展的关键经验，是我一定要抓住的，而且孩子处于哪个水平也不会影响我的绩效什么的，因为这个只有我知道，我不需要跟谁做什么比较。在这个表上，我能看到孩子所处的阶段，实际上就是我自己的专业达到的水平，我就知道了，哪里孩子的发展还有空间，哪里我要再加把劲。

——反思 – 教师 DQ

从这篇访谈记录可以看出，在没有标准和目的的观察记录里，教师耗费时间精力所写的观察记录其实际利用价值极低，经常被作为留存资料，收集备案后，便束之高阁。这一问题主要是由于教师从观察记录一开始就没有明确的观察目的，导致最终的观察结果丧失了应有的实际效应。行动研究实施以后，教师在运用主动学习观察工具观察和理解孩子学习过程的同时，也在审视自己的教育教学，发现课程中的盲点，持续地提升教育教学质量。

总之可以看出，在行动研究之前，教师将更多的精力放在活动之前，精心选择活动内容，巧妙设计活动环节，甚至反复斟酌指导语的运用。当与教师讨论如何支持儿童的主动学习时，教师的回答大多是从组织实施课程的角度出发，说明预设活动的设计理念，很少有教师真正从儿童的已有经验和当前发展阶段出发，考虑如何有针对性地定制活动，使课程服务于儿童。这样做的结果通常是"有课程无儿童"，教师通过精心准备的活动裹挟儿童"进入课程"，并努力"适应课程"，教师的关注点也更多地聚焦在怎样将课程内容设计得充实饱满，活动组织形式如何流畅精彩。相反，本应作为课程主体的儿童则处于被动接受甚至是配合的角色，配合教师完成所谓的完整课程。如此，儿童的主体性无法得到充分的展示与发展，自然也无法实现儿童的主动学习。

行动研究之后，教师开始逐渐把热情从活动前对"教"的精心准备，转移到活动过程中对儿童学习行为的观察记录，以及活动过程后对教师支架策略与儿童学习之间关系的反思。更为重要的是，行动研究改变了教师之前自说自评的空洞反思模式，树立起以儿童为本的教学评价标准，以儿童主动学习关键发展指标的具体落实情况检验教育活动的设计与实施。

通过改教案，然后协商，再上完教案，再反思，再细致地观察孩子，我对教案的把握能力比以前提高了，比如活动为了完成这个目标，到底兴趣重要还是学到东西重要。

——访谈 – 教师 FQ

之前觉得设计得再好、再完美的教案，只有在做过之后才知道它是不是真的完美。之前觉得天衣无缝的教案，上完之后却发现漏洞百出，所以只有在上完之后反思一遍再进行修改，教案才算是比较完整的教案。

——访谈 – 教师 DC

教育观念的转变需要一个很长的过渡期，不可能立刻看到变化。观念的切实转变需要教师在教育教学的过程中不断地实践，并及时总结经验，这样才能对教学产生指导意义。教师需要在教学、教研中不断地发现问题、分析问题、解决问题，总结教育过程中的规律，将经验上升到教学理念，最后逐步达到转变教育观念的目的。学前儿童主动学习关键发展指标即为教师教育观念的转变提供了具体的支架，通过一个个亲眼所见的真实观察实例，教师开始关注并研究儿童是如何学习与发展的，进而理解儿童的主动学习过程，再到进行课程设计上的反思与调整，并最终实现视角的转换。从以下反思中可以看出教师对儿童主动学习关注度的普遍提升。

我们应该反思究竟有多少时间在专注地观察孩子，每周有没有半个小时来用心地观察孩子。通过录像教研，不用别人说，你自己就会发现问题，通过理念的转变，让教师自己看到自己的问题。

——反思 – 教师 CJ

今天的教研应该引发我们的思考。教育的最终目的是培养孩子，要谈教育就要去看孩子的表现，看孩子的表现是不是让你很舒服。我们要考虑真正去促进孩子的发展，真正静下心来去观察孩子，只有真正去观察孩子才是真正的教育，没有观察你就是在管孩子。

——反思 – 教师 CJ

（二）教师在识别环节的转变：从教研内容分析教师"研什么"

由于教师对儿童主动学习行为的关注是内隐性的，不可能通过观察轻易察觉，亦不能通过设计问卷或实施访谈被客观了解，所以，本研究将以行动研究过程中的集体研讨为主要分析对象，运用内容分析法对具体的教师讨论内容进行量化分析，以期真实反映教师关注点的转变。具体做法是借助幼儿园每周例行的集体观摩教研活动，通过分析教师针对儿童学习行为的讨论在集体研讨内容分类中所占的比例，考察教师对儿童学习行为的关注程度。这里所说的集体观摩教研活动指由幼儿园组织教师观摩某位教师的集体教学活动，之后针对观摩内容展开集体研讨，旨在在幼儿园内部分享经验，共同学习。

为了清晰展示教研过程中教师集体讨论内容所涉及的主题分布，研究者需要确定明确的分析变量。通过对转录后的研讨内容进行反复研读，在保证基本涵盖集体研讨中的各类内容侧重的基础上，围绕本研究具体的研究目的，我们确立了幼儿园教师集体研讨内容主题分类的基本分析框架，并对每一个分析变量进行了如表 3-11 所示的具体的操作性定义。

表 3-11　幼儿园教师集体研讨内容主题分类

研讨内容的类别		操作性定义
A. 有关教学内容的讨论		围绕教师教学内容的选择所进行的讨论
B. 有关教学环节的讨论		围绕教师教学环节的设计所进行的讨论
C. 有关教学环境及教具的讨论		围绕教师教学环境及教具的准备所进行的讨论
D. 有关教学策略的讨论		针对教师的活动设计与实施所提出的策略建议
E. 有关教师行为的讨论		对教学过程中教师教学行为的评价
F. 有关儿童行为的讨论	F1. 对儿童学习行为的关注	描述儿童某种具体的行为表现
	F2. 对儿童学习行为的识别	解释儿童某种行为产生的原因
	F3. 对儿童学习行为的支架	针对儿童活动过程中出现的实际问题，提出具体的解决方案与改进建议（这里的支架区别于指标 D，指标 D 强调单纯基于教学经验提出的教学策略改进建议，并不是直接对儿童行为的回应。）
	F4. 对儿童非学习行为的讨论	描述、分析那些不直接指向学习活动的儿童行为，比如对涉及纪律常规的儿童行为讨论

具体分析时，研究者依据以上研究分析框架，针对集体教研转录内容，对教师具体的讨论内容逐一编码，并依据涉及的主题类型归类至相应的分析指标类别中，最后以频次为单位，计算各主题在整体讨论内容中的占比情况，从而得出集体研讨内容的主题分布表。

为了有效对比行动研究前后教师的转变，在行动研究开展之前和结束之后，本研究分别对行动研究小组和控制组的共计16次集体研讨过程进行了录音转录。为了保证所涉及的讨论内容主题分布尽可能不受观摩活动本身的主题限制，研究者在每个幼儿园均选择了前后共计4次集体研讨活动作为内容分析对象，第1次和第2次是在行动研究开展之前，然后汇总了这两次研讨活动的讨论主题，作为前测数据；第3次和第4次是在行动研究结束之后，同样汇总两次讨论内容的主题分布，作为后测数据。需要特别说明的是，16次集体研讨均为教师自行组织的自由讨论，研究者仅作为观摩者参与其中，进行观察记录。由于研究者并未发挥引导者角色，所以自由研讨中教师讨论的内容更能说明教师真实关注的内容，即"看到什么说什么"。

在行动研究开展之前和研究结束之后，研究者对行动研究小组 A 幼儿园的 4 次园内例行集体教研活动进行了录音转录，之后按照既定的分析框架，对教师的讨论内容进行了编码主题分类。研究的假设是，通过运用"学前儿童主动学习关键发展指标教师检核表"，可以直接促使教师关注儿童的主动学习行为，多轮行动研究之后，教师观察儿童行为表现的意识将逐步强化，即使脱离检核表，教师对儿童行为的关注程度也会显著提升。

下面将首先分别呈现 4 所幼儿园在行动研究开展之前和研究结束之后，教师集体研讨内容的主题分布情况，纵向对比教师关于儿童行为的关注。之后，再横向对比、分析行动研究小组和控制组教师的研讨内容分布情况。

1. 行动研究组 A 园教师研讨内容主题分布情况

研究通过对 A 园例行的集体研讨活动所涉及的主题内容分布进行分析，考察教师关注点的转变情况，具体数据如表 3-12 所示。

表 3-12 行动研究小组 A 园教师研讨内容主题分布情况

项目	教学内容（%）	教学环节（%）	教学环境及教具（%）	教学策略（%）	教师行为（%）	儿童行为（%）
行动研究开展之前的前测	23.2	30.7	12.0	10.8	15.1	8.2
行动研究结束之后的后测	12.1	8.1	0	16.2	9.8	53.8

数据显示，在行动研究之前，A 园教师在集体研讨活动中最关注的主题内容为有关教学环节设计的讨论（30.7%），其次为有关教学内容选择的讨论（23.2%）。行动研究之后，教师们最关注的主题内容则为有关儿童行为的讨论（53.8%），其次为有关教学策略的讨论（16.2%）。可以明显看出，教师由原来对教育活动自身设计的强烈关注，转变为直接关注作为教育活动主体的儿童的行为表现，并积极思考如何改进策略。

为了进一步揭示教师有关儿童行为讨论内容中的不同侧重，研究又将有关儿童行为的讨论这一指标下的内容进一步分解为 4 个指标："对儿童学习行为的解释""对儿童学习行为的评价""对儿童学习行为的支架"以及"对儿童非学习行为的讨论"。据此分析框架，A 园教师有关儿童行为的讨论内容数据结果显示如图 3-1。

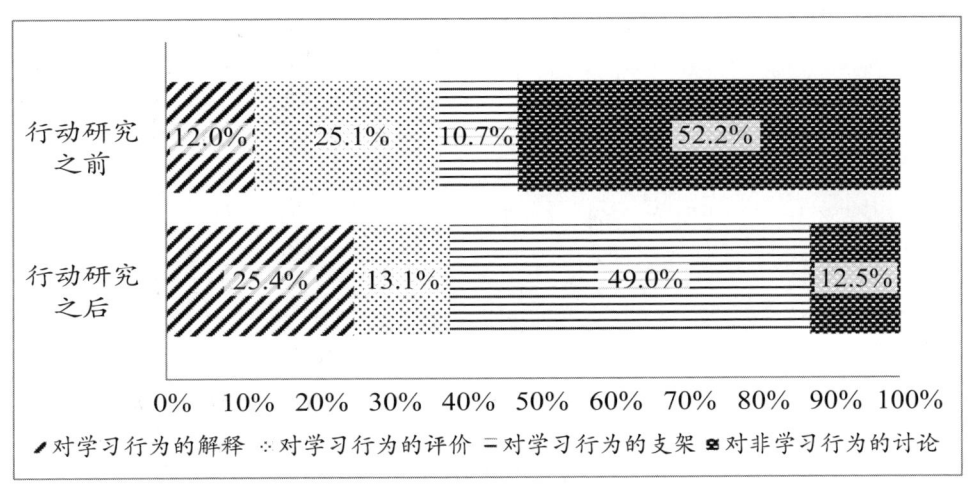

图 3-1 行动研究小组 A 园集体研讨中有关儿童行为的讨论所涉及内容的分布情况

从图 3-1 可以更为清晰地看出，在行动研究之前，A 园的教师对儿童行为的讨论多集中在纪律常规方面（52.2%），对儿童行为的关注意在监视或控制，并未对真正的学习过程即具体的学习行为形成重视。在行动研究之后，A 园教师不仅提升了对儿童行为的整体关注，而且在对儿童学习行为本身的解释（25.4%）和支架（49.0%）方面更有明显变化。与此同时，教师则相应减少了对儿童非学习行为诸如纪律常规的关注（12.5%）。这说明，通过运用儿童主动学习关键发展指标检核表，教师已有意无意地从更关注"教"到更关注"学"，从关注儿童对教学常规的遵守到关注儿童真实的学习过程，努力对儿童学习行为进行解释、分析，并尝试形成具体的支架。

2. 行动研究组 B 园教师研讨内容主题分布情况

与 A 园情况相同，研究者对行动研究小组 B 园在行动研究开展之前和研究结束之后，同样进行了 4 次园内例行的集体教研活动录音转录与编码主题分类。研究假设同样是，通过行动研究，B 园教师对儿童行为的关注程度也会得到显著提升。关于 B 园集体研讨活动中所涉及的主题内容分布是否能印证行动研究的有效性，数据统计如表 3-13 所示。

表 3-13　行动研究小组 B 园教师研讨内容主题分布情况

项目	教学内容（%）	教学环节（%）	教学环境及教具（%）	教学策略（%）	教师行为（%）	儿童行为（%）
行动研究开展之前的前测	11.4	15.2	8.9	13.5	34.2	16.8
行动研究结束之后的后测	2.6	3.5	3.8	17.2	8.7	64.2

数据显示，行动研究之前，B 园教师在集体研讨活动中最关注的主题内容是有关教师行为的讨论（34.2%），对比而言，有关儿童行为的讨论仅占16.8%，其余领域则较为平均。通过比较两所行动研究小组的幼儿园，我们发现，A 园更强调教学活动的设计，而 B 园则更强调教师直观的教学行为表现。但相同的是，两所幼儿园都在集体研讨过程中"就教学而研教学"，教师的反思更多是依据教学经验而非儿童实际的学习情况。

而在行动研究之后，B 园教师有关教师行为的讨论和有关儿童行为的讨论这两方面所占的比例出现了对调。行动研究后，B 园教师有关儿童行为的讨论（64.2%）成为最关注的主题内容，而有关教师行为的讨论减少至 8.7%。教师们停止了之前十分热衷的自我批评与反思，开始将关注转移至儿童——教育活动的真正主体身上。

同样，为了更进一步解读教师有关儿童行为讨论内容的不同侧重，研究又将 B 园行动研究前后有关儿童行为的讨论这一指标进行了分解，相关数据显示如图 3-2 所示。

从图 3-2 可以看出，在行动研究之前，B 园教师在研讨过程中主要对儿童学习行为进行"评价"（45.6%）与"解释"（23.7%）。而在行动研究之后，B 园教师在有关儿童学习行为的讨论中更加侧重支持儿童的学习行为（41.2%）方面的讨论。这说明"学前儿童主动学习关键发展指标检核表"不仅能帮助教师转变视角，而且还让教师在关注儿童学习行为的基础上开始积极思考如何改进教学，尝试形成具体的支架，以支持儿童的学习与发展。

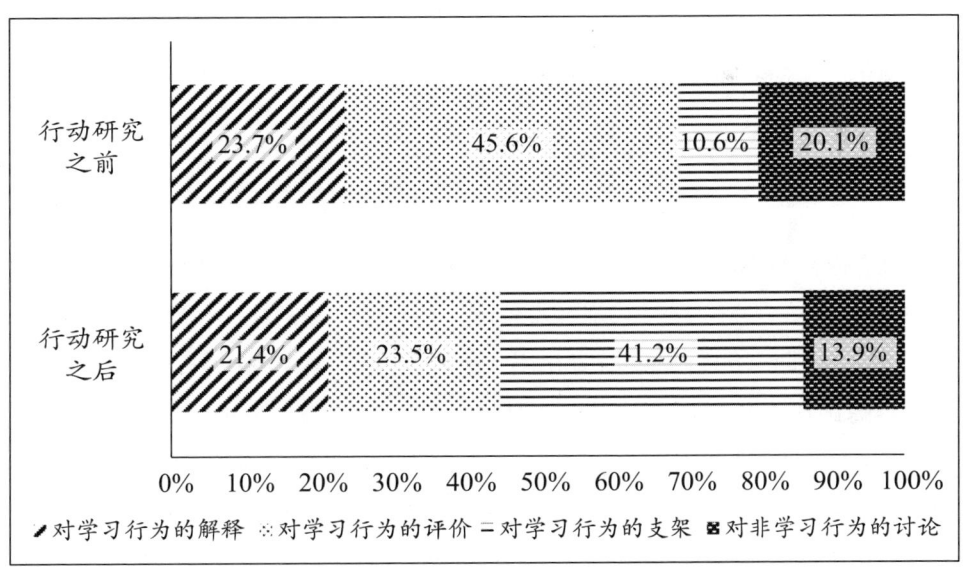

图 3-2 行动研究小组 B 园集体研讨中有关儿童行为的讨论
所涉及内容的分布情况

3. 控制组 C 园教师研讨内容主题分布情况

为了进一步验证行动研究的干预效果，研究还抽取了另外两所幼儿园作为控制组，拟通过对比控制组的情况，从侧面印证行动研究对于参与教师的积极影响。控制组教师的选取标准为"尽量与行动学习小组的教师相匹配"，之后的数据分析也证实了在行动研究之前即学期初，控制组与行动研究小组的集体研讨主题内容分布并没有显著差异。

研究者在结合控制组幼儿园常规日程安排的基础上，选择在与行动研究小组前后测数据采集时间相邻的时间段内，参与观摩了控制组 C 园前后 4 次园内例行的集体教研活动，并将前两次教研讨论内容作为前测数据，后两次作为后测数据，然后依据与行动研究小组相同的数据分析框架进行了录音转录与编码主题分类。研究的假设是，由于控制组教师不接受任何干预，关于集体研讨内容的前后测数据不会出现显著变化。编码分析的结果验证了这一假设，具体情况如表 3-14 所示。

表 3-14　控制组 C 园教师研讨内容主题分布情况

项目	教学内容（%）	教学环节（%）	教学环境及教具（%）	教学策略（%）	教师行为（%）	儿童行为（%）
学期初的前测	17.3	23.1	6.2	14.8	28.3	10.3
学期末的后测	20.8	18.0	8.3	17.8	20.2	14.9

学期初的前测数据显示，C 园教师在集体研讨活动中最关注的主题内容是有关教师行为的讨论（28.3%），其次是有关教学环节设计的讨论（23.1%）。学期末的后测数据变化不大，教师们最关注的主题内容为有关教学内容的选择（20.8%），其次仍然是对有关教师行为的讨论（20.2%）。而有关儿童行为的讨论所占百分比基本保持稳定，前测数据为 10.3%，后测数据为 14.9%。为了更进一步揭示教师有关儿童行为讨论内容中的不同侧重，研究同样将 C 园教师有关儿童行为的讨论内容进一步分解为"对儿童学习行为的解释""对儿童学习行为的评价""对儿童学习行为的支架"以及"对儿童非学习行为的讨论"等 4 个二级指标，结果如图 3-3 所示。

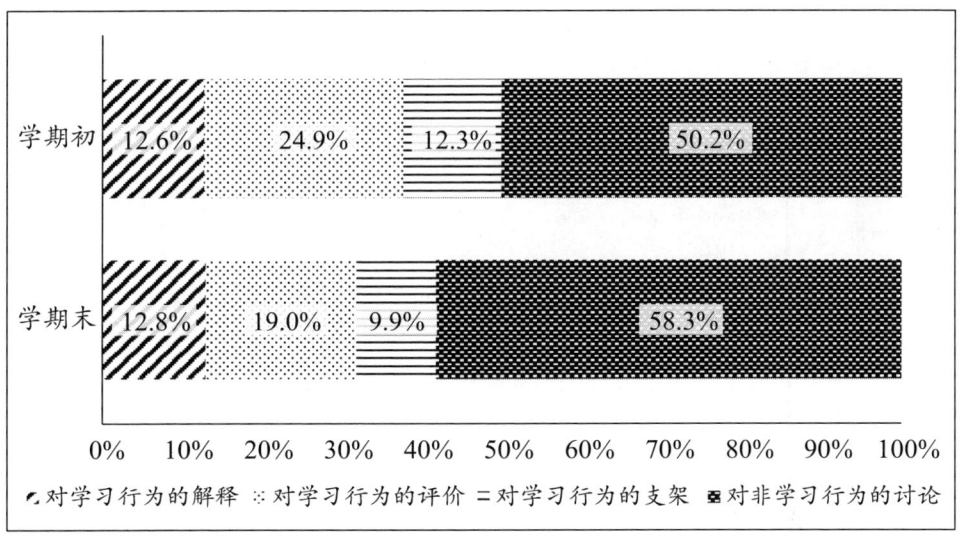

图 3-3　控制组 C 园集体研讨中有关儿童行为的讨论所涉及内容的分布情况

　　C 园教师在学期初对儿童行为的讨论就多集中在纪律常规方面（50.2%），而一学期过后，这一状况并未得到改善，教师对儿童非学习行为的讨论仍高达 58.3%。相反，C 园教师对儿童学习行为本身的"解释""评价"和"支架"方面的讨论比重则基本维持稳定，例如"对学习行为的解释"在学期初占到有关儿童行为讨论内容的 12.6%，到学期末为 12.8%；"对学习行为的评价"在学期初占到有关儿童行为讨论内容的 24.9%，到学期末则下降为 19.0%；"对学习行为的支架"在学期初占到有关儿童行为讨论内容的 12.3%，到学期末下降为 9.9%。可以认为，C 园教师对儿童行为的关注更多是从维护教学常规的角度出发，并没有对儿童学习行为本身及其所反映的学习过程形成关注与重视。

4. 控制组 D 园教师研讨内容主题分布情况

　　研究者在结合 D 园常规日程安排的基础上，也同样选择在与行动研究小组数据采集时间相邻的时间段内，参与观摩了控制组 D 园前后 4 次园内例行的集体教研活动，并将前两次教研讨论内容作为前测数据，后两次作为后测数据，然后依据与行动研究小组相同的数据分析框架进行了录音转录与编码主题分类。研究的假设是，由于控制组教师不接受任何干预，关于集体研讨内容的前后测数据不会出现显著变化。编码分析的结果同样验证了这一假设，具体情况如表3-15所示。

表3-15 控制组D园教师研讨内容主题分布情况

项目	教学内容（%）	教学环节（%）	教学环境及教具（%）	教学策略（%）	教师行为（%）	儿童行为（%）
学期初的前测	44.1	13.3	0	7.1	14.5	21.0
学期末的后测	38.0	17.8	3.1	11.1	13.7	16.3

学期初的前测数据显示，D园教师在集体研讨活动中最关注的内容是有关教学内容的选择（44.1%），其次是有关儿童行为的讨论（21.0%）。学期末的后测数据变化也不大，教师们仍最关注教学内容的选择（38.0%），其次是教学环节的设计（17.8%）。而有关儿童行为的讨论所占百分比基本保持稳定，前测数据为21.0%，后测数据下降至16.3%。相比而言，D园教师始终保持了对教学内容选择相关内容的持续关注，具体分析讨论内容可知，D园教师往往更加关注教师要教给孩子特定的教育内容，讨论的重点则是这些知识和技能是否符合儿童的年龄特点，需要肯定的是，教师的出发意图是正确的，但对儿童年龄特点的判断不能仅仅依赖于教育经验与直觉，脱离了对儿童真实学习行为的实际观察与分析是很难甚至无法做出准确教育判断的。

为了更进一步揭示教师有关儿童行为讨论内容的不同侧重，研究对D园教师有关儿童行为的讨论进行了分解，结果如图3-4所示。

可以看出，与C园情况类似，D园教师对儿童行为的讨论也多集中在纪律常规方面，且前后测数据差异不大，学期初为53.5%，学期末为49.1%。其他方面也变化不大，例如，"对学习行为的解释"在学期初占到有关儿童行为讨论内容的17.6%，到学期末为19.3%；"对学习行为的评价"在学期初占到有关儿童行为讨论内容的19.3%，到学期末则下降为12.5%；"对学习行为的支架"在学期初占到有关儿童行为讨论内容的9.6%，到学期末上升为19.1%。虽然D园教师对于有关儿童学习行为的支架的讨论有所提升，但从有关儿童行为讨论的整体来看，教师对儿童非学习行为的讨论占比仍然很大，反映出 D 园教师最重视的儿童行为类型是对纪律常规的遵守，而对那些可以真正反映儿童学习情况、反馈教师教学效果的儿童学习行为缺少关注与重视。

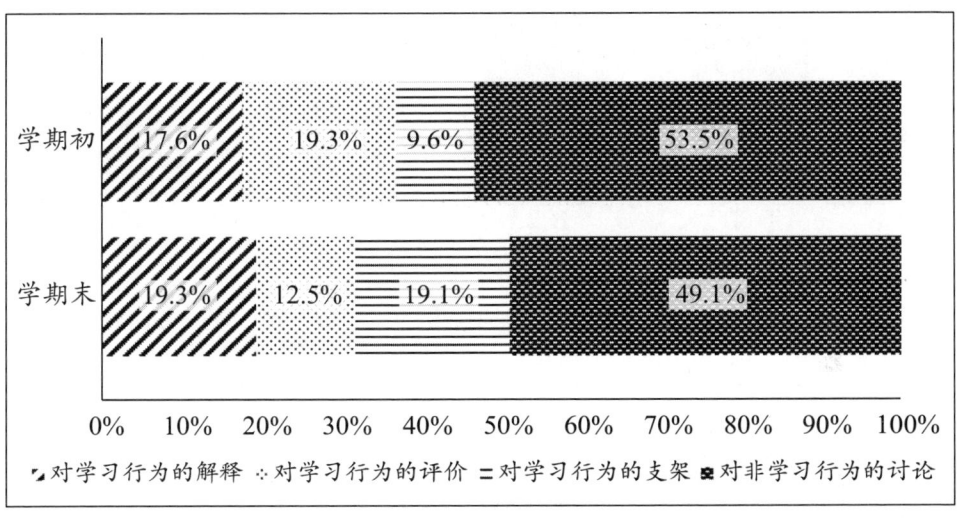

图 3-4　控制组 D 园集体研讨中有关儿童行为的讨论所涉及内容的分布情况

5. 行动研究小组与控制组幼儿园教师研讨内容主题分布的比较

以上分析主要针对 4 所幼儿园在学期初和学期末集体研讨内容的纵向变化。接下来为了实现横向对比，研究将分别比较学期初和学期末 4 所幼儿园教师对儿童行为的关注度，并在最后整体比较每所幼儿园的变化情况。

在学期初，由于 4 所幼儿园都没有接受任何行动干预，所以教师集体研讨时的讨论内容反映了他们当时原本的关注。那么，4 所幼儿园教师集体研讨内容中有关儿童行为的讨论占各自园所有讨论主题的比例是多少？ 4 所幼儿园之间是否存在差异？图 3-5 呈现了这一对比结果。

横向比较 4 所幼儿园讨论内容中有关儿童行为的讨论的占比，可以看出，学期初 4 所幼儿园并不存在明显差异，较之其他讨论主题，有关儿童行为的讨论在 4 所幼儿园集体研讨的内容主题中都不占绝对优势，教师普遍较少关注儿童的具体行为表现，而更注重讨论教学内容的选择、教学环节的设计以及对授课教师行为本身的评价讨论。相比较而言，D 园有关儿童行为的讨论占比最高。

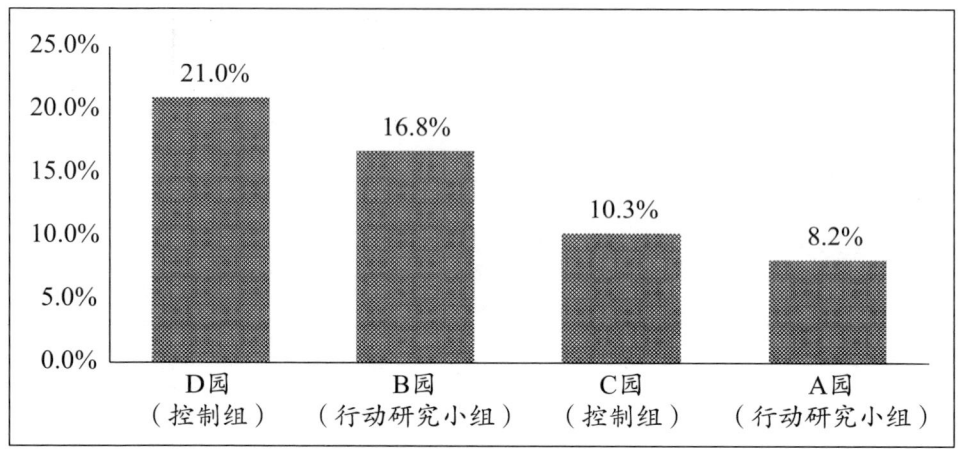

图 3-5　4 所幼儿园教师学期初集体研讨内容中有关儿童行为的讨论的占比

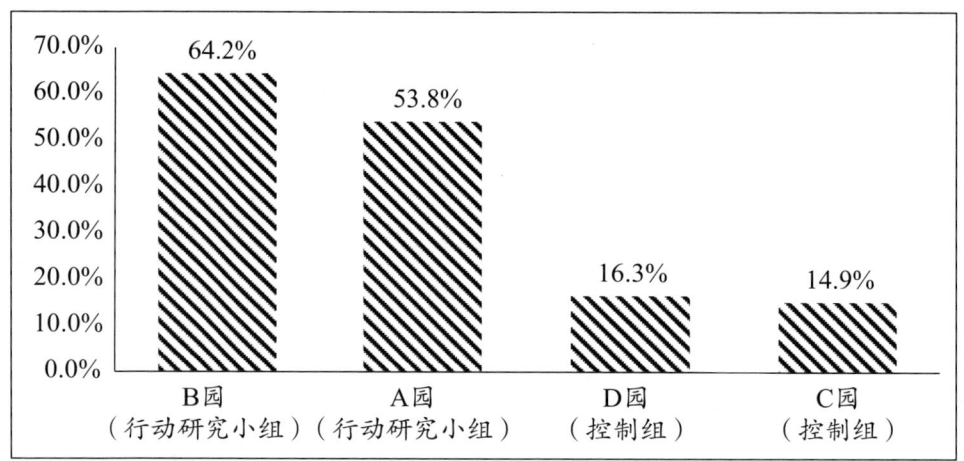

图 3-6　4 所幼儿园教师学期末集体研讨内容中有关儿童行为的讨论的占比

　　从图 3-6 可以清晰地看出，行动研究小组的两所幼儿园在经过了一个学期的行动研究之后，在学期末的集体研讨中对儿童行为的讨论占比已远远高于控制组的两所幼儿园。行动研究小组 B 园教师在行动研究之后十分重视对儿童行为的观察与记录，所以在集体研讨环节中，自然围绕观察记录到的儿童行为展开充分的解释、分析，并积极思考运用何种支架进行支持，所有关于儿童行为的讨论占到总体讨论内容的 64.2%。行动研究小组 A 园的教师们也有一半以上的语言在积极讨论与儿童行为直接相关的内容（53.8%）。

相反，控制组的两所幼儿园有关儿童行为的讨论占比依旧维持在较低水平，D 园教师有关儿童行为的讨论占全部集体研讨内容的 16.3%，而 C 园仅占 14.9%。而且，依据之前对 D 园和 C 园的分析，在所占份额不多的有关儿童行为的讨论中，又以对儿童非学习行为的讨论居多。

通过以上对行动研究小组和控制组教师在学期初和学期末的前后测数据逐一进行分析，可以初步得出这样的判断：行动研究小组的两所幼儿园的教师在一学期的行动研究过程中，通过反复使用"儿童主动学习关键发展指标教师检核表"，显著提升了自身对儿童学习行为本身的关注，较行动研究之前拥有更明确的儿童研究与支持的意识。而控制组两所幼儿园的教师由于没有接受任何干预，集体研讨过程中的关注点在学期初和学期末并没有太大的改变，控制组教师的讨论内容依然比较关注教学内容、教学环节以及教师行为等，而对有关儿童行为的讨论占比仍较低（见图 3-7）。

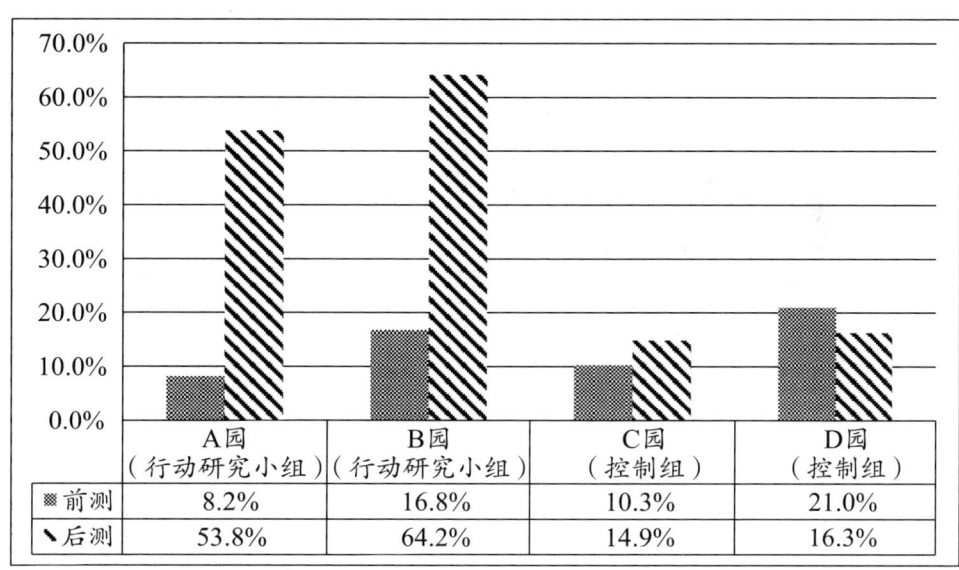

	A园 （行动研究小组）	B园 （行动研究小组）	C园 （控制组）	D园 （控制组）
前测	8.2%	16.8%	10.3%	21.0%
后测	53.8%	64.2%	14.9%	16.3%

图 3-7 4 所幼儿园教师集体研讨内容中有关儿童行为的讨论占比的前后测比较

教师能否积极地参与集体研讨是教研能否顺利进行的先决条件。首先，需要明确的是，教师应该认识到学前教育中的教研过程是现代幼儿园发展的一种趋势，教师有针对性地参与教研活动能够很好地解决在施教过程中遇到的问题。其次，教师的专业能力直接影响幼儿园的教育质量，高质量的教研可以帮助教师有效地积累工作经验，提高自身专业素养，促进整个幼儿园的办学质量。再次，需要明确的是，教研的内容来源于教师的教学实践，教师每天都在教学，所以应该时刻牢记自己既是教育者又是研究者，自身在实践过程中提出的问题或许正是教研亟须研究的问题，这样一来，教师的思考和意见建议会第一时间被纳入研究中。所以，教师应该树立起研究者的身份意识，努力提高参与教研活动的积极性，通过教师集体教研加强对儿童主动学习行为的持续关注和深入研究。

（三）教师在支架环节的转变：从策略改进分析教师"做什么"

教师围绕学前儿童主动学习关键发展指标所做的观察记录以及识别分析为教师之后的支架策略改进提供了有价值的信息。如何解释儿童具体的主动学习行为，深入分析儿童的主动学习过程，并依据这些信息形成新的支架，支持儿童向主动学习更高阶段迈进是重要的一环，是教师提升支持儿童主动学习的能力的关键。通过对教师的支架搭建情况以及研究者对教师的访谈，我们发现，行动研究有效增强了教师将这些信息运用到教学改进的意识。一方面，基于对儿童个体的关注与识别，教师试图努力地做到因材施教，依据儿童的不同学习风格和过程特点，通过个性化支架实现差异化教学。另一方面，伴随教师对不同儿童的关注与识别，教师的支架能力也在不断提升，不仅对之前的预设活动进行了调整修改，而且还围绕主动学习关键发展指标尝试设计、生成新的综合主题活动。

1. 搭建具体支架策略

教师针对学前儿童主动学习关键发展指标所进行的观察、识别和分析能帮助教师不断分析儿童的已有经验、有意识地反思自己的支架策略。教师不断分析儿童已有的经验、感到困难的问题及其原因，之后再关注、再识别，从而展现了儿童完整的发展历程，为支架策略的选择提供了可靠的教育依据，通过开展符合儿童身心特点的活动来促进儿童的全面发展。

对观察记录的各项信息进行反思研究，将基于儿童学习的证据转化为教师实际可用的教学策略，这些是基于观察改进教学的核心所在。为此，在与教师共同研究的过程中，行动研究致力于帮助教师运用结构化的观察框架，区别对待不同的儿童行为表现，有效解读和分析儿童行为背后的心理发展及可能的原因，然后基于此，思考如何运用这些信息设计有针对性的教学，以及如何不断检验和反思这种设计与指导对支持儿童主动学习的有效性和适宜性。

在表 3-16 的案例中，基于对儿童操作活动的观察，教师记录到儿童在选择材料时的不知所措，从而反思自己所提供材料的适宜性问题，进而在改进策略中增加了材料的提示功能。从中可以清晰地看出，教师先围绕关键发展指标聚焦儿童的主动学习行为表现，之后利用结构化的观察记录表进行教学反思，最终实现了教学策略的改进。

表 3-16　教师 HP 的支架策略表

关注：对儿童主动学习行为的观察记录	识别：对儿童主动学习行为的分析反思	支架：对儿童主动学习支持策略的改进
优优拿到整份操作材料后，一会儿看看成品书签，一会儿看看角色小书，一会儿又看看小盒子中的小部件，但一直没有开始操作。	优优始终保持了对材料的好奇心和兴趣，不断摆弄材料。但盘中材料较多，使优优感觉无从下手，不知道材料的目的是什么，影响了他的主动选择与计划实施。	增加三个小盒子的分类标志，帮助幼儿区分不同的部件，为其展开进一步的计划提供支架。

——观察 – 教师 HP

ZQQ 以前属于注意力不集中，上课容易走神。这几次的活动中她能够积极举手回答问题，而且回答问题的答案也跟老师的问题比较相关。实践操作中比较有兴趣，愿意参与，愿意去试，可以明显看出来积极性提高了。原因可能与前两次上操作活动有关。前两次操作活动我每次都叫她。本身对操作活动孩子就感兴趣，在活动中给她机会了，有一定的收获，有一定的自信心了，所以在以后的活动中也会形成这种习惯，也就敢说了。

——研讨 – 教师 LM

2. 改进原有活动设计

通过一段时间对学前儿童主动学习关键发展指标的使用和 Z 型教研的开展，教师逐渐将儿童的学习反馈与自己的教学设计相挂钩，通过关注、识别儿童的主动学习过程，来反思活动的目标设定、内容选择、过程安排、材料投放、指导语运用、师幼互动等要素。通过对这些细节问题的深入思考，教师开始对自己的教学活动加以调控，而这一调控的标准永远是儿童真实的学习行为与过程，所有的努力都是为了更好地满足儿童发展的需要。

研究者通过观察发现，经验丰富的教师对于一些支持策略极容易上手，在教师逐步加深对儿童主动学习内涵理解与内化的基础上，会通过自己成熟的教育技巧实践，尝试对原有活动提出具体的改进意见。

"每看一次都又有不同的想法，对之前的理解又有所改变。"

——反思 - 教师 LX

活动目的在于激发幼儿制作鞭炮的兴趣，体验活动的快乐。3—6 岁幼儿的思维正处于从直觉行动思维向具体形象思维过渡的阶段，因而幼儿在认识事物的时候更喜欢去看、听、摸，并借助这些直接的动作去感受美、欣赏美。为此我将"教师出示图片让幼儿感知"改为"组织幼儿自由欣赏、观察"。我事先用不同质地的纸做好大小不一、分开的或串好的多种鞭炮。这样，不仅给幼儿营造了宽松、自由的活动氛围，也使他们能用手、眼、嘴多种感官来感知、体验自己将要制作的鞭炮，便于幼儿感知鞭炮的形状与特点，这样比出示图片更直观，也激发了幼儿参与制作的愿望，更为让幼儿了解制作方法做了初步的自然渗透。

——研讨 - 教师 XH

模仿探索部分：我认为"老师示范卷鞭炮"这个方式虽然能更加直接、快速地让幼儿再次了解做鞭炮的方法，但是教育理念上却过于注重幼儿技能的掌握了，而忽略了幼儿的学习特点，是比较生硬的硬塞式教学。我今天的设计体现了相信幼儿、放手给幼儿、让幼儿自己学习的观念。这个设计用提问式的方式鼓励幼儿和教师一起探讨鞭炮的制作方法，在这种问答式的师幼互动中，把"教幼儿做鞭炮"改为符合新教育理念的"鼓励幼儿主动学习"这一方式，我只是有针对性地、适时地提出做鞭炮时需要注意的问题就可以了。这使这个环节的模仿探索更加自然、宽松，体现了幼儿是学习的主人，教师是活动的引导者。

——访谈 - 教师 DQ

观察体验：在这个环节中，原教案是教师先带着幼儿完整地阅读，但是我想，如果这个时候将完整阅读变成幼儿主动通过观察画面细节去推理和猜测故事内容，那么幼儿的主动性会更强，而且带着一些疑惑去进行活动，活动就会变得更有意思。

——反思 – 教师 SX

探索发现：这个环节我预设了三个问题，也是幼儿通过观察画面猜测故事内容后他们想知道的。我没有直接给幼儿答案，而是让幼儿两两一组再次阅读绘本，因为有了兴趣和这样三个问题，幼儿合作阅读绘本时会更主动、更认真。

——访谈 – 教师 ML

3. 围绕关键发展指标生成综合主题活动

培养儿童主动学习品质是一个长期的过程，需要从儿童日常生活的方方面面入手。但是，虽然不能通过短时间的几个活动塑造或发展儿童的主动学习品质，但集中性、焦点性的活动对儿童主动学习品质的促进作用不能被低估。活动具有双重转换性，外在的客观对象可经主体的活动"内化"为经验，同时，主体的主观经验也可以"外化"为活动态度、动作方式、技能。通过实施精心设计的活动课程，创设有针对性的教学场景，我们可以引导儿童自发的主动行为的发生、发展，促使儿童获得积极主动的认知、情感体验，并通过主动学习行为的重复与强化，促进儿童主动学习态度的内化与稳定。本研究中的教师以学前儿童主动学习关键发展指标为线索，设计、开发了儿童主动学习系列活动（见表 3–17）。

表 3–17　围绕关键发展指标生成的主题活动

主动学习关键发展指标	集体活动主题（活动类型）	区域活动材料
A1. 适应融入	爱的抱抱（角色扮演）	时钟列车
A2. 计划选择	孔雀开屏（创意绘画）	下饺子
B1. 善于观察	我设计的幼儿园地图（美工制作）	地形盒
B2. 喜欢提问	鲸鱼不是鱼（绘本阅读）	找规律
C1. 敢于尝试	烟花故事会（益智手工）	小小建筑师

续表

主动学习关键发展指标	集体活动主题（活动类型）	区域活动材料
C2. 问题解决	蓝鲸有多大（科学探究）	快来帮帮我
C3. 目标坚持	我的时间小书（美工制作）	象形文字
D1. 乐于接触	好朋友联系册（语言表达）	年货司机嘀嘀嗒
D2. 互动表达	我的好朋友（材料搭建）	故事演示窗
E1. 冲突解决	蚂蚁运大米（角色扮演）	卡车游戏
E2. 分工协作	小熊搬皮球（户外游戏）	搭建游乐场

儿童参加的每个活动都是一个独一无二的学习情境，儿童也并非只是简单地参与，他们与生俱来就有发现、研究、探索的需要，探究的过程可以促进儿童发展独立性、自信心与创造性。因此，要尽可能让儿童参与各种不同类型的活动，在活动中引导儿童充分探究。这提示我们抓住儿童学习品质形成和培养的关键期，让儿童主动参与到活动性学习之中，在活动性学习中充分感知、体验和探究，以使儿童学习品质的培养得到事半功倍之效。❶

两个月的主题式课程上下来，对于新教师来说就是从课程选材、如何结合幼儿兴趣、准备材料，以及指导语和教学方法等方面进行了系统的训练。首先我认为，解决了我对于教案书写的盲区。明确了教案的五段式，小班的重点在于观察感知。在课程设计的时间分配上就能有重点，在课程实施过程中也能有主次，结构清晰，使教案能够在脑中清晰地呈现出来。在教学目标被清晰呈现和准确定位后，如何结合幼儿的发展阶段制定目标等内容也给了我们新教师很好的借鉴。其次，在教师指导用语上也给出了更加丰富的范例，如何有效简单地提问也不再只是空谈了。在以后的教学过程中，如何提问能符合目标、切合孩子兴趣，又能简单明了地提出问题，都有了很好的样本可以参考。

——反思－教师 CJ

区域活动的关键是材料，设计出来的材料要能够引导孩子好好游戏，让孩子有兴趣、坚持玩、分享玩。区域活动就是让孩子去活动中学习，主动学

---

❶ 黄爽，霍力岩．儿童学习品质的主要影响因素：国外研究进展及其启示 [J]．比较教育研究，2014，36(5)：40-45.

习。第二个目的就是让孩子进行交往，让孩子主动去玩，其实是让孩子与不同人交流，学习合作。

——教研－教师 CJ

（四）行动研究对教师转变的整体分析

1. 从关注"教"到关注"学"

行动研究之前，教师将更多的精力放在活动之前，精心选择活动内容，巧妙设计活动环节，甚至反复斟酌指导语的运用。当与教师讨论如何支持儿童的主动学习时，教师的回答大多是从组织实施课程的角度出发，说明预设活动的设计理念，很少有教师真正从儿童的已有经验和当前发展阶段出发，考虑如何有针对性地定制活动，使"课程"服务于"儿童"。这样做的结果通常是"有课程无儿童"，教师通过精心准备的活动，裹挟儿童"进入课程"并努力"适应课程"，教师的关注点也更多地聚焦在怎样将课程内容设计得充实饱满，活动组织形式如何流畅精彩。相反，本应作为课程主体的儿童，则处于被动接受，甚至是配合角色，配合教师完成所谓的完整课程。如此，儿童的主体性无法得到充分的展示与发展，自然也无法实现儿童的主动学习。

行动研究之后，教师开始逐渐把热情从活动前对"教"的精心准备，转移到活动过程中对儿童学习行为的观察记录，以及活动过程后对教师支架策略与儿童学习之间关系的反思。更为重要的是，行动将研究改变了教师之前自说自评的空洞反思模式，树立起以儿童为本的教学评价标准，以儿童主动学习关键发展指标的具体落实情况，检验教育活动的设计与实施。

2. 从评价"教师教学行为"到识别"儿童学习过程"

学前儿童主动学习关键发展指标旨在借助评价提升教师对儿童的理解，通过教师对儿童主动学习的过程识别，倡导一种新的评价理念和评价方式，帮助教师认识到评价功能的发展性。多年来，幼儿园的教育评价过分强调评价的甄别功能，一种是评教不评学，另一种是以知识或能力作为评价标准，只注重评价儿童的学习结果。目前，国际教学分析和评价的发展趋势已从评教转向评学，以评价促学习，着重分析不同儿童在活动中具体的学习行为与学习过程。学前儿童主动学习关键发展指标注重过程性和形成性，重视儿童在活动过程中获得的宝贵经验和发展价值，重视儿童在活动中的种种表现，在情感态度、探究欲望、创新能力、合作能力等方面的进步。这些都有助于教师从以往习惯于进行终结性的评价，逐渐转向促进儿童的潜能、个性和创造性的发挥，支架每一个儿童获得主动学习和持续发展的能力。

孩子的计划性并不一定是一开始就把整幅画计划好，可能会一边画一边想。有的孩子是拿到画之后先把整幅画都想好，该怎么画，但有的孩子就是先画，画了之后再一步一步想。

——14122 研讨 - 教师 JJ

可以看出，教师通过运用学前儿童主动学习关键发展指标，在实现了关注、识别儿童主动学习行为表现的基础上，已经开始思考判断主动学习的内在价值，并形成了一些具有积极反思意识的教育观念。几位教师还在访谈中直接提到行动研究启发了她们对儿童纵向发展的关注。

表格的形式给了我很大的启示，在教育活动中我们能以这样的方式评价孩子，我在想，在其他方面，如区域活动，我们也能以这种方式评价孩子。因为是一个孩子几个活动，我就能够更加纵向地比较一个孩子各方面的发展，前几次的活动做完之后我就忘了，现在这样我们就能更具体地看到一个孩子的发展。

——141202 研讨 - 教师 LZ

之前没觉得评价有什么具体的用处，但通过这几次活动，我发现能看出这个小朋友是怎样一个成长的过程，有一个纵向的把握。

——141203 访谈 - 教师 JJ

教研的内容来源于教师的教学实践，教师每天都在教育现场，应时刻牢记自己既是教育者又是研究者，自身在实践过程中提出的问题正是教研亟须研究的问题，把思考第一时间纳入研究中来。所以，教师应树立起研究者的身份意识，努力提高参与教研活动的积极性。通过教师集体教研，加强对儿童主动学习行为的持续关注和深入研究。

3. 从追求"完美教学"到支架"儿童发展"

不能脱离过程来追求纯粹的学习结果，当然也不能完全脱离结果来关注过程的价值。关注过程的同时，也应有结果意识，兼顾结果。重要的是对于儿童的学习结果，教师应有自己的评价观，要坚决克服以成人的眼光看待儿童，要客观地看待儿童的学习活动，对儿童的主动学习要给予客观的评价，以一颗包容、宽厚的心态去理解儿童，因为这些都是儿童能力的真实表现。同时，要让儿童在学习活动中获得不同的切身体验，切忌盲目让儿童追求成人价值观下的成功和完美。

重点关注，有进步及时给予鼓励。观察到孩子对一个点的兴趣，利用这一个点的兴趣引导他进行多方面的发展。具体在教育活动中可以刻意提问他，引导他。只要给孩子机会，带动他就会慢慢有积极性。不能因为他不愿意参与或者说不到点上就不让他说。

——访谈 – 教师 HY

LR 属于从来不张嘴的人，从来没有举手大声地说"我要回答问题"。但上次活动中他清晰表达"我要用皱纹纸"。今天问他们组谁愿意来讲讲这幅画，他说得特别大声"我愿意"，但我知道他上来也说不出来，所以我给他叫了一个伴，SPS 说我们组有大的和小的，他也跟着在旁边说"我们组有大的和小的"，这说明他有欲望想表现。以前从来没有这么大声地说过话，今天又进步了一大块，现在大步前进。

——研讨 – 教师 LW

上一个案例中的教师为了让一个原本不爱发言的孩子在众人面前勇于表达自己，颇费心机地安排另一孩子陪伴他、帮助他，但孩子的表现也仅是跟着说而已。但可喜的是教师看到并赏识了孩子那一点点、小小的，甚至是微不足道的进步。教师不苛求儿童在学习成果上立竿见影的变化，而开始越来越用心地关注儿童的学习过程，这种教育观点的深层转变是行动研究所追求的终极目标。

行动研究促使教师对教育活动的评价标准从之前侧重"教师的教学效果"转变为务实侧重"儿童的学习过程"。研究发现教师之前的很多活动环节设计，只不过是为了追求"完美教学"。从一定程度上讲，教师对"完美教学"的一味偏执，甚至不利于儿童的主动学习与发展，教师的反思绝不能仅限于此，更应该基于儿童做了什么和说了什么来制订计划，以此支持和扩展儿童的主动学习。

有的孩子在活动中很主动，但对评价表并不感兴趣。孩子会说不会记。可以不让孩子填，可以让老师记，因为上和下的箭头孩子画不好，而且不知道画在表的什么地方。所以可以给孩子一张空白纸，让孩子自己猜想，比如孩子可以自己画一石头，用自己的方式记录，不统一要求他记录。做完之后老师可以请孩子们一起说，乒乓球是浮在上面还是沉在下面？请孩子把实验结果告诉老师，老师可以统计：你看到结果是浮上来的请举手，然后老师把结果记录在总表上。白纸上让孩子只记猜想的，最后的实验结果老师来记，这样让孩子看他记的所猜想的和老师记的哪些是不一样的。这样小朋友就知道老师的记录跟自己是有关系的。最后形成经验，知道哪些东西可以沉下去，哪些东西浮上来。

——反思 - 教师 HJ

通过上段反思可以看出，该教师不再纠结于活动的形式本身，她认识到提供记录单的目的是让儿童了解科学实验的常规方法，从而养成乐于探究的主动学习习惯。但因为观察到儿童对记录行为本身并没有兴趣，教师便对原先活动中的记录环节做了灵活处理，改为儿童说教师记，如此同样可以实现让儿童回顾活动过程的目的。

发现孩子最弱的地方，在孩子这方面引导他，让他找着自信，别的方面老师发现他有进步了，就又会鼓励他，这样就形成一个良性循环，他方方面面就都好了。但对孩子的策略必须基于对他的观察。策略不是计划好的策略，并不是开始就想好策略，是不断尝试的结果，不断换方法。

研讨 - 教师 ML

对"策略"这一概念认识上的转变，会影响该教师今后教育实践的方方面面。除此之外，研究还发现很多教师意识到对儿童主动学习的支架需要视儿童个体而定，实现差异化支持。

小班一般是鼓励，中大班就是给点挑战，给点竞争意识。前一种鼓励的方法，一般都是针对比较胆小的，需要老师的肯定和关爱。但对于性格比较外向的、好动、比别人能力强一点的孩子，就得多给他找点难度，让他通过争取实现目标。

第一次的设计虽然有三个梯度，但距离都很近，这样让孩子有成功的感受。有成功感受之后他才愿意去冒险。教师的引导语可以改成："这是一条稍微窄一点的河，小朋友跳过去会很轻松。这是一条稍微宽一点的河，小朋友跳的时候要用一点力气。这是一条最宽的河，小朋友跳的时候手要用力，腿也要用力，一起跳。"可以让孩子站在老师的身后，这样就没有就近的可能。如果能关注到某个孩子，引导他，告诉他怎么才能跳过这条河，他有成就感就能跳过去了。

——反思－教师 LY

最为可喜的是，一些教师在关注儿童学习纵向过程的同时，已经开始思考如何进一步支持儿童主动学习的全面均衡发展。

经过这几次详细的观察和记录，能够对一个孩子各领域的发展都有比较深入的认识和了解。像以前我们的教育活动，我只知道孩子在这一节教育活动中什么表现，在这一个方面什么表现，就没有对他进行各领域、各方面的比较。现在利用这个检核表，我们就可以看出孩子在哪些活动中兴趣比较高，主动学习品质的哪些方面发展得比较好，这对我们以后的教育有一个大致的方向，就可以着重引导培养他比较弱的学习品质或能力，并利用那些闪光点去带动他不足的地方，这给教师提供了培养孩子的一个方向。

——访谈－教师 ZY

如在活动中发现有个别幼儿不知道如何进行操作，这可能是由于小班幼儿观察总结提升能力有限，通过短短的几分钟观察还总结不出如何制作，教师在与幼儿讨论制作方法时还不够充分，我认为教师不用急于教授幼儿制作的方法，可以将这节活动继续延伸，在其他活动中请幼儿继续进行探索，积极引导他们内在的自然的创造意识，让幼儿真正做到自主探索并创造。

——研讨－教师 LM

六、研究成果《学前儿童主动学习教师支持手册》

通过一学期的行动研究，教师不断从观察记录中发现问题，进而改进支架策略，之后又将自己的反思成果放回到教学实践中去检验，通过儿童学习行为的真实表现和学习过程的完整呈现，研究者及时收集、归纳了一线教师在行动研究中运用的具体教学策略，对其中的活动组织特点与教学方法进行了相应的理论提升，以此形成了一套系统的主动学习支持策略，诸如氛围卷入策略、情境导入策略、自主选择策略、活动体验策略、自主探索策略、成功体验策略、伙伴学习策略、表现评价策略、表征学习策略、故事交流策略等。

经过多轮的归纳、提升后，研究者和合作教师团队最终制定形成了一套完整的《学前儿童主动学习教师支持手册》，具体包括如下构成要素：1.学前儿童主动学习关键发展指标（分为观察条目指南和教师检核表两部分）；2.学前儿童主动学习关键发展指标教师支持要点；3.学前儿童主动学习活动环节要素（分为集体活动的五段式和区域活动三部曲）。（手册详细内容见附录）

作为行动研究的具体研究成果，该手册具备如下典型特征。

（一）理论研究引领的系统化支持系统

作为贯穿始终的线索，儿童主动学习关键发展指标成为支持策略研究中进行课程决策的最重要的依据。依托理论探讨部分对儿童主动学习内涵的深入解析，儿童主动学习支持策略从设计之初就全面兼顾了主动学习的各个方面。研究对儿童主动学习方式的界定决定了支持策略的活动组织形式。主动学习强调儿童与物及与人两种不同的互动学习方式，故而在传统活动组织形式的基础上，本研究进行了一些调整：不仅是区域活动，在集体教学活动中也同样创设儿童自主操作环节，实现儿童操作物的主动学习；在集体活动和区域活动中均有意创设合作学习任务，鼓励儿童与人交往的主动学习。针对静态的主动学习品质，我们开发了指向主动学习某个方面、具有针对性的集体活动内容和区域操作材料，旨在通过活动内容情境的创设，激发儿童外显的主动学习行为，并通过学习行为的多次重复形成并强化稳定的主动学习态度倾向。针对动态的主动学习过程，我们创设了有利于儿童自主探究的活动结构，并通过教育活动的环节设置予以制度化。如此，实现了儿童主动学习行为系统和动力系统的有机整合。

可以看出，无论是支持策略设计之初的整体逻辑架构，还是其中的具体策略内容，均基于前期关于主动学习的理论研究，体现出本研究建构支持策略的系统化价值取向。

（二）扎根教育现场的生态化支持系统

生态化倾向强调在真实、自然的情境中研究人的心理活动规律与教育规律，提高研究的外部效度、生态效度，提高研究结果在真实生活、工作、教育实践中的可应用性和普遍使用性。❶相反，实验室研究情境则是人为创设的，且变量控制严格，研究的真实性受到破坏。在实验室条件下获得的结果是否仍能从自然情境条件下获得，是否可适用于自然情境，成为实验室研究模式的最大局限。

生态化倾向推动教育策略从实验性的单一行为分析向真实教学场域中应用型的综合行为干预进行转变。结合本研究的研究问题，我们认为儿童的主动学习活动同样不是孤立存在的，其既受自身内部因素的影响，又受外部因素的影响。儿童的主动学习是与儿童有关主动性的心理活动和教师的具体教育活动有机联系在一起的，所以，针对儿童主动学习的支持策略研究必须注重儿童与其所处教育环境之间的相互作用，尤其是那些有计划、有目标的教育活动对儿童主动学习的发起、维持与指向的直接影响。此外，教育活动中教师对儿童学习的态度也是儿童主动学习能否得以实现的关键因素。可以说，儿童的主动学习处于一个复杂的关系之中，只有扎根在真实的教育现场，才能还原儿童主动学习的全貌。

为了揭示儿童心理与教育活动之间的因果关系，本研究选择在真实的幼儿园教育环境中进行，以开发同时具有较高生态学效度和较高应用价值的支持策略。首先，本研究选择了强调扎根教育现场的行动研究路径；其次，本研究开发了儿童主动学习的系列活动作为儿童主动学习支持策略的具体操作方案，即行动研究中的具体工具，用以在真实的教学环境中供幼儿教师实际组织与实施教育活动。在研究者与教师团队合作展开行动研究的过程中，针对实践中的具体问题，我们通过观察评价、分析反思、实施改进、再观察、再分析、再改进……的循环往复展开行动改进，不断检验、修正、完善该套操作方案。所以，这里的支持策略操作方案既是行动研究初始阶段的研究工具，又是行动研究最后的行动改进成果。

---

❶ 董奇 . 心理与教育研究方法 [M]. 2 版 . 北京：北京师范大学出版社，2019.

可以看出，生态化策略强调教师的充分参与与深入研究，整套支持策略是在真实的幼儿园教育环境中，由一线教师在自然的教学活动中，亲自实施活动，主导活动改进。这样，在保证研究生态效度的同时，兼顾了支持策略在教育实践中的适用性和可推广性。

（三）追求教育改进的开放性支持系统

儿童主动学习品质的培养需要久久为功，需要在长时期的实践过程中不断训练。所以，本研究开发的主动学习支持策略希望在有限的时间内能通过个别活动促进儿童的主动学习，并通过行动研究充分调动起教师的主动学习态度，依靠教师课程生成能力的提升，在今后更长的时间里可以源源不断地设计出更多有利于儿童主动学习的教学活动，最终实现对儿童主动学习的可持续性支持。

基于以上目的，本研究将主动学习支持策略的具体操作方案划分为硬操作技术和软操作技术两个方面。硬操作技术针对涉及活动主题选择、活动材料准备、活动过程指导等一系列具体的教学操作行为，以具体的独立活动为载体；软操作技术则是针对非设备性的教学操作行为，泛指方案中的不同活动组织形式以及各自的环节要素。前者侧重静态的活动内容，后者侧重动态的活动过程。前者是有限的内容支架，是最佳的活动载体，但不是唯一的；后者则是能变化生成更多具体内容的结构支架。鼓励教师在实施硬操作技术的同时，依托软操作技术，处理好策略的预设性与生成性之间的关系，不仅致力于通过个别活动实现对部分儿童进行教育干预的目的，更致力于追求可持续的教育改进这一根本目标。

可以看出，开放性策略旨在关注课程的自主建构和动态生成功能，在提供给教师支持儿童主动学习的基本活动组织形式与结构的基础上，让学习的目标、过程、评价诸环节都呈现出很强的开放性，为师幼在今后更长一段时间内自主选择以及创造性地设计、组织、实施、评价活动留下必要的空间。一方面，教师可直接利用支持策略提供的静态活动内容要素，有效支持儿童的主动学习；另一方面，由于预设策略在设计和实施过程中总是会生成新的问题、新的目标、新的方法，所以开放性策略倡导教师在活动过程中保持敏感性，及时捕捉生成性资源，借助支持策略提供的动态活动结构要素，尝试设计出新的符合儿童主动学习的活动案例，促使支持儿童主动学习的活动走向深入，走向持续。

要注意长期目标和活动目标的结合，像学习品质可能不是在一两个活动中就能培养出来的，而是需要有计划、有目标地去做，需要长时间的积累。

——反思 - 教师 CJ

教师教育观念与教育行为的改变是一个复杂的系统工程，行动研究需要较长时间的干预才有可能获得比较稳固的教育改进效果，从而减少反弹的危险。由于研究时间的限制，本研究只进行了为期一个学期的行动研究。虽然研究的节奏比较紧密，但是时间因素或多或少还是会影响研究最终的效果达成。日后再进行此类研究时，需要在研究时间上给予更充足的保障。

另外，对学前儿童主动学习的支持不仅需要教师的支架与引导，也需要家长的支持与配合，更需要全社会的重视与环境营造。在今后的研究中，我们希望将对学前儿童主动学习的支持延伸到家庭教育和社会教育中，促使幼儿园、家庭、社区三位一体全面配合，让儿童在充满关注、爱护、理解、尊重的多维度的立体空间中自由探索、快乐学习、健康成长。

第4章
儿童主动学习与教师儿童研究的整合

为了更好地链接"教师立场"与"儿童立场",本研究建构了学前儿童主动学习关键发展指标,以此作为链接理论研究和实证研究的重要桥梁,及行动研究中教师支持儿童主动学习的关键线索。教师以观察儿童的学习方式为起点,通过对儿童主动学习行为的记录,分析解释儿童的主动学习过程,进而识别儿童目前所处的发展阶段,并最终尝试搭建支架,支持儿童向下一个发展阶段迈进。

在本章,通过对学前儿童主动学习关键发展指标再次进行分析,进一步明确该指标在教育教学中的两个意义,即它是教师理解儿童主动学习的框架和支持儿童进行主动学习的指引。它将帮助教师持续、有效地支持儿童的主动学习,并据此建议提升教师支持学前儿童主动学习的核心专业能力,形成教师进行研究与支持学前儿童主动学习的新型教研模式等。

一、关键发展指标可成为教师理解和支持儿童主动学习的媒介

学前儿童主动学习关键发展指标的构建有利于教师全面了解儿童的差异化发展,有利于教师有针对性地设计游戏活动,有利于教师详细具体地观察儿童与客观世界的各种互动,同时也有利于家长掌握儿童的发展状况。需要

明确的是，这些关键发展指标并不是教师在教学时直接对儿童进行行为训练的具体目标，更不是限制教师自主教学的权威理论，对教师而言，它就是具有参考价值、引导价值和支持价值的基础材料，能够为教师在情境设计和游戏活动中提供一些参考。教师可以依据这些指标在观察儿童兴趣和评估儿童能力的基础上生成一些游戏活动，这些指标是合理植入在生成的游戏活动和教学活动中的，从而充实儿童的学习内容，完善儿童的知识、能力结构。

为了实现教师立场和儿童立场的合二为一，学前儿童主动学习关键发展指标应具有双重属性，即一方面体现儿童主动学习的阶段性表现特点，另一方面体现教师支持儿童主动学习的相应教育目标。换句话说，儿童主动学习关键发展指标既是经验的过程，也是经验的结果。具体来说，作为主动学习品质在儿童学习活动中的具体化，学前儿童主动学习关键发展指标应具有以下两个核心价值作用。

（一）理解儿童主动学习的框架

学前儿童主动学习关键发展指标融入了儿童的声音，体现了儿童学习的情境性，教师通过关注、识别将儿童学习的社会性特征与认知、学习效果结合在一起，并最终帮助教师捕捉到儿童学习过程的复杂性，这其中包括了对儿童学习策略以及儿童学习动力等内容的捕捉。

区别于过于专业、抽象、理想化的操作指南，学前儿童主动学习关键发展指标聚焦于儿童生活的各个环节，重视真实性观察和逸事记录，将儿童观察、记录、评价变为可操作、有实效的一项常规工作，通过客观、全面、连续地记录儿童的日常生活，真实清晰地呈现出儿童发展的趋势脉络，同时完整保留儿童发展变化的所有过程性特点。教师可以将关键发展指标作为了解儿童主动学习情况和发展水平的参照物。

（二）用支架支持儿童主动学习的指引

学前儿童主动学习关键发展指标既是教师结构化、系统化地理解儿童主动学习的依据，也是日后设计用支架支持儿童主动学习的指引。就像还在盖的房子需要框架来将房子支撑起来一样，教师也需要具体的框架指引其对儿童的学习与发展的支持，其本质是对儿童立场的重申。本研究认为，只有出于儿童立场的支持策略，才有可能促进儿童的主动发展。而任何脱离儿童立场单纯由成人主观臆断形成的支持策略，都极有可能忽视儿童学习的主体地位，有碍于儿童的主动学习过程。

当然，学前儿童主动学习关键发展指标不是一种对具体教育目的和教育内容进行详细描述和规定的课程，它只是一个教师观察、评价儿童的框架，一个教师用支架支持儿童的指引。它帮助教师将观察到的信息加以组织，让教师想一想可以如何回应儿童，如何做计划及与个别、集体的儿童做互动，以及思考用哪种教学策略。教师依据观察得到了资讯，并对儿童的发展阶段进行了识别，这些都是教师下一步引导儿童迈向主动学习更高发展阶段的重要基础。

二、支持儿童主动学习的过程就是助力教师专业能力提升的最佳方式

行动研究发现，教师支持儿童主动学习的专业能力包括观察与记录能力、分析与评价能力、激励与创造能力。

（一）观察与记录能力

教育在本质上是价值性的社会活动，教师的价值判断大都具有较为明显的内隐性和情境性特点，需要教育者具有敏锐的观察能力和记录外显行为的能力。本研究认为，教师要支持儿童的主动学习，首先应具备观察与记录的能力。

每个儿童都是一个独特的个体，有着各自的性格特征、学习方法，并处于不同的发展水平，教师要学会根据儿童的具体情况来制订教学计划，促进每一个儿童在原有的基础上得到进一步的发展。为此，教师应对每一名幼儿都要进行全面细致的观察，可以全班教师每人负责几名有突出特点的幼儿，每天对他们的活动进行详细的观察与记录。需要强调的是，观察和记录不光

要观察儿童在一天之内先做了什么、后做了什么，然后又做了什么，更要观察儿童到底是如何来探究或感知某种材料和情境的等重要细节，并需要记录典型事件和有意义的学习过程。德国教育家福禄贝尔曾说，只有对人和人的本性彻底的、充足的、透彻的认识，根据这种认识，加以勤恳的探索，自然地得出有关养护和教育人所必需的其他一切知识以后，……才能使真正的教育开花结果。[1]也就是说，教师只有观察研究儿童，才能更好地追随儿童的天性。意大利教育家蒙台梭利博士曾创造性地提出直接观察儿童、向儿童学习。[2]蒙台梭利认为，儿童心理学只有通过外部观察的方法才能建立起来。我们必须打消任何记录内心状态的念头，因为儿童的内心状态只有通过他本人的反思和内省才能揭示出来。[3]蒙台梭利呼吁观察和研究儿童，严肃地考虑"儿童为了要能按照儿童期的需要充分地生活，他要求些什么"。蒙台梭利所强调的对儿童的观察包括三个重要的因素：自然观察，精心准备的环境，以及教师作为客观观察者的角色。蒙台梭利要求教师成为一个客观的观察者，为此需要对教师进行特殊的训练，以达到"抛开自己的个性，以成为观察的工具"的目标。一名优秀的蒙台梭利教师对儿童的观察主要包括以下五个方面：观察前的准备、观察内容、观察原则、观察技巧及观察记录。

在研究者看来，教师的观察不但为儿童的成长做见证，更帮助教师协助儿童适宜地发展，因此教师要善于从细节和过程中发现孩子的特征。观察需尊重儿童——不要把幼儿想象得过于简单，教师要做容纳和引导，有相同的情绪、相同的体验才能有真正的理解；不要为了观察而观察——观察是帮助解决问题的途径。

（二）分析与评价能力

评价环节是教育教学过程中不可或缺的一部分，它为改进教学方法和促进儿童全面发展提供了可靠的依据，同时也为提升教师专业水平提供了有效

---

[1] 张焕庭．西方资产阶级教育论著选 [M]．北京：人民教育出版社，1979.
[2] 戈芬，威尔逊．课程模式与早期教育（第二版）[M]．李敏谊，译．北京：教育科学出版社，2008.
[3] 蒙台梭利．蒙台梭利教育法 [M]．霍力岩，李敏谊，胡文娟，等译．北京：中国人民大学出版社，2008.

的途径。谈到分析与评价能力，必然会涉及反思。杜威认为"反思"是一种包含了了解、分析、综合、评价等环节的综合性思维活动，包括两个关键阶段：产生困惑阶段、解惑阶段。杜威首次倡导教师要成为"反思的实践者"，认为反思应该成为教师的日常生活方式，更加准确、全面地预测教学。库巴等人认为，"评价"是意向性很明显的活动，旨在"改善"和"提高"，即所谓的"以评价促发展"。成人对待儿童的态度，会让儿童因为自己有某种情绪而感到羞愧或内疚，因此成人要对儿童正在经历的事情进行理解、分析和评价。只要有一定的支持，教师就可以发展反思的思维过程，将他们已有的知识经验与新的学习联系起来，回答、回应一些自己的问题。对于幼儿园教师来说，分析与评价的能力正是教师在教育活动中促进儿童发展、反思自身专业能力发展的一种能力。

（三）激励与创造能力

在我国《幼儿园教师专业标准》中，专门针对教师激励与评价能力进行了特别的强调，认为其对于儿童的主动学习和良好发展具有重要的意义。以激励为基本导向、以观察为主要手段、以改进教育方法为主要目的的评价能力是对幼儿园教师的基本专业要求。《幼儿园教师专业标准》就这一专业能力对教师提出了三方面的基本要求：一是能关注儿童日常表现，及时发现和赏识每个儿童的点滴进步，注重激发和保护儿童的积极性、自信心；二是能有效运用观察、谈话、家园联系、作品分析等多种方法，客观地、全面地了解和评价儿童；三是能有效运用评价结果，指导下一步教育活动的开展。对于教师来说，可以用言语或非言语的行为表现对儿童的喜爱和真诚的兴趣，激励儿童主动探究，让他们意识到老师在乎什么。避免在儿童学习过程中对儿童进行负面点评，多用正面表述的词语表达激励和肯定，这对儿童来说是一种有力的强化，传达出教师对儿童的信心，对儿童主体性的认同。当教师将注意力放在可取行为上的时候，儿童就能迅速明白他们不必通过做错事来得到教师的关注。❶教师除了要激励儿童，还要唤起儿童对他人成就的关注，

---

❶ 格斯特维奇. 发展适宜性实践：早期教育课程与发展（第 3 版）[M]. 霍力岩，等译. 北京：教育科学出版社，2011.

让儿童知道教师重视他们每个人的能力。甚至教师要留心听每一个孩子的谈话，创设一种激励和重视个性创造的教室氛围。教师赏识、激励每个儿童的不同以及他们在所有领域的优势，为儿童提供发展个性和展示创造力的机会，也是教师促进儿童主动学习的专业能力的重要表现。

三、Z 型教研是教师儿童研究的实践路径

幼儿园教师的工作离不开儿童，没有儿童的教师反思是没有实效的，基于此的教师专业成长也是虚构的成长。本研究认为，只有通过教师自身对儿童主动学习的研究，才有可能促使教师转换视角，真正站在儿童的角度，思考儿童学习行为的发生与发展，并在此基础上实现对儿童主动学习的有效支持。基于此，本研究尝试通过确立"教师的儿童研究"这一基本价值取向，开发了以"关注—识别—支架"三环节构成的 Z 型教研模式，建构基于学前儿童主动学习内涵的主动学习关键发展指标，使其成为教师支持儿童主动学习的支持路径和支持线索，从而形成本研究关于教师支持儿童主动学习过程机制的理论构想。

一直以来，集体教研都被视为教师专业发展的重要方式和途径。但是倘若单纯强调教研活动对教师专业能力的提升作用，而忽略教育活动的另一个主体——儿童，教师的教研就极有可能成为教师自编自导、自说自唱的独角戏。一旦教研活动背离了支持儿童发展这一根本目的，那么它对教师专业发展的促进作用就会被质疑。

目前大部分幼儿园的集体教研活动的形式都遵循如下模式，即先组织教师观摩儿童活动，之后教研小组针对现场观摩的情况组织研讨，广泛听取大家的意见，集思广益为进一步改进教学出谋划策。在此过程中，实施活动的教师实现了对自己教学过程的反思，参与教研的教师则通过同伴学习取长补短，改进自己的教学行为（见图 4-1）。

从这一简化的流程图中可以看出，教师教研的直接目的是检验教学效果。然而，这个看似没有纰漏的教研模式却存在一个巨大的漏洞，甚至是陷

	现场观摩	集体教研
第 1 次	A 活动	评价 A 活动的教学效果
第 2 次	B 活动	评价 B 活动的教学效果
……	……	……
第 N 次	X 活动	评价 X 活动的教学效果

图 4-1　集体教研模式

阱。教研的目的是提升教师的教学水平，但进一步追问：教师教学水平的提升是为了什么？自然，"支持儿童的学习与发展"是教师教学行为乃至所有教育问题的根本目的。但在以上这个教研模式中，无论从形式上还是从内容上，我们都没有看到有关儿童的立场。当前幼儿园表面繁荣的教研活动打着"支持儿童"的旗号，实则在这个过程中儿童成为"教师立场"的配角，配合教师完成一次次精彩的公开课，在之后的集体教研过程中教师们仍不遗余力地批判自己，以求"完美"。但这样的"完美"仅仅是"教"的"完美"，完美的教学若没有儿童的立场，注定只是一场表演，一场成人自编自导并自我喝彩的独角戏。

为了填补"儿童立场"的缺失，教研模式的革新呼唤"学与教"的良性互动。基于主体间性和过程哲学的理论视角，研究旨在开发一种新型的教研模式，摒弃之前教研过程对"教"的单项反思，转而强调"学"与"教"的动态反馈与相互支架，我们称其为 Z 型教研模式（见图 4-2）。

本研究认为，基于教师、儿童研究的 Z 型教研强调教师对儿童的研究，是"学"与"教"的动态反馈，而非"教"的单项反思，教师支持策略的选择与调整应始终依据其对儿童学习与发展情况的动态把握。基于教师、儿童研究的 Z 型教研要求教师的"教"起始于观察儿童的学习，然后作为教学主体的教师应尽力去分析、理解作为学习主体的儿童，最后利用教师自身所识别到的信息，有效计划并支持儿童的进一步学习与发展。借鉴新西兰学习故事的相关表述，本研究将基于教师儿童研究的 Z 型教研进一步分解为"关注""识别""支架"三个具体的环节（见图 4-3）。

支　架	关　注	识　别
第 1 次　A 活动的预设说明	观察、记录 A 活动中儿童的主动学习行为表现	评价 A 活动中儿童所处的发展阶段 解释儿童的学习过程 反思儿童学习与教学支架之间的关系
第 2 次　在 B 活动中提供支架，改进教学	观察、记录 B 活动中儿童的主动学习行为表现	评价 B 活动中儿童所处的发展阶段 解释儿童的学习过程 反思儿童学习与教学支架之间的关系
第 3 次　在 C 活动中提供支架，改进教学	观察、记录 C 活动中儿童的主动学习行为表现	评价 C 活动中儿童所处的发展阶段 解释儿童的学习过程 反思儿童学习与教学支架之间的关系
……　……	……	……
第 N 次　X 活动前的教学设计	X 活动中儿童的学习行为表现	X 活动后的教师反思

图 4-2　Z 型教研模式

● 关注：观察、记录儿童的主动学习行为。

● 识别：教师对儿童的学习过程进行分析、评价和反思，如教师认为：在某个情境中，看到了儿童什么样的学习？对此，教师又有了哪些新的认识？

● 支架：教师为支持、促进和拓展儿童进一步的学习制订计划。

下面将就以上三个环节逐一进行解析。

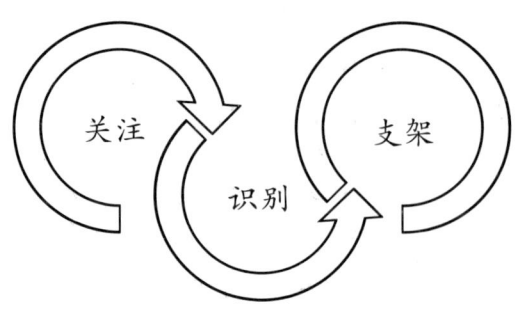

图 4-3　Z 型教研的环节

（一）Z 型教研环节 1：关注儿童的学习行为

教师对儿童主动学习价值的判断是影响教师支持儿童主动学习的重要认知因素。教师的行为受其教育观念支配，只有教师高度认同儿童主动学习的重要性和必要性，他们才肯花心思去钻研支持的方法，寻找支持的契机。

1. 积极观察

现代社会学家马克斯·韦伯指出，无论从什么地方开始对任何一个社会机构的研究，其必不可少的部分便是细致而长期的个体观察……。通过这种观察，研究者能获得很多材料，并以此来清晰自己的观点和思想，修正自己先前的某些临时分类，检验某些试探性假设。在儿童身上你总是会有新发现，即使是一位你自认为非常了解的幼儿。

观察是教师研究儿童的起始，是之后所有环节的基础。与此同时，观察贯穿儿童研究的全过程，甚至可以说所有对儿童的研究都始于观察且止于观察。这里的观察作为教师支持儿童主动学习的路径核心，强调的是一种"积极观察"。

何为积极观察？首先，"积极观察"与"消极旁观"相对立，前者是在与儿童的日常互动中观察儿童的每日活动和具体行为，而后者只扮演了一种监视性的角色。其次，"积极观察"区别于一般意义的"看"。观察不仅仅是简单地朝某个事物看（look at），经过训练的科学观察要用某种特定的方式去搜寻（look for）事物。具体来说，积极观察应至少包含以下三个要素。

第一，积极观察是一种有目的的观察。"有目的"意味着观察不是随机的或偶然的，观察者事先要知道自己需要观察什么，在哪里实施观察，以及打算如何观察。也有研究将其称为"控制好的观察"。

第二，积极观察是一种结构化的观察。这里的"结构化"主要是指观察指标的结构化。积极观察一般具备一定的观察分类体系或结构性的观察纲要，详细说明观察的内容范畴，从而支持观察者快速、有效地定位观察内容。当然，结构化的观察并不等于摒弃自然主义的观察，观察场域仍然是自然情境，结构化观察的控制性主要体现在观察指标的固定性和评价等级的区分度上。

第三，积极观察是一种标准化的观察。标准化观察强调对观察方法、观察工具、观察程序等拥有一定程度的控制与规范。标准化观察是在有目的的观察和结构化观察的基础上提出的。只有观察者事先明确观察目的，并在过程中依据观察指标实施观察，才使得观察程序标准化的实现成为可能。

据此，本研究认为"积极观察"就是观察者根据观察目的，事先拟订观察计划，确定使用何种结构性的观察工具，在实施观察的过程中，按照规定的观察内容和程序实施的观察。

2. 客观记录

为了更好地反映和识别儿童的主动学习行为及过程，教师还必须把观察到的东西详细记录下来。明确观察目的要求教师事先心中有数，而教师在活动现场的记录则强调尽可能地客观记录事实。如果说"一次观察正如一张照片，及时捕捉一个时刻"，那么，在观察的基础上进行客观而真实的观察记录就是利用文字和其他显性形式将这一时刻固化并保留下来。

何为客观真实的记录？所谓客观，是指需要将儿童行为表现的事实与教师对事实的诠释区别开来。事实性的记录只需记下孩子做了什么，说了什么，即教师看到了什么，听到了什么，如对儿童动作、姿势、表情的描述，引用儿童所说的话，以及对儿童作品的描述等。教师并不需要对记录的内容扩展描述自己的感受或主观想法，而且要尽可能避免记录中充斥着自身的印象、解释或假设。因为这些印象、解释或假设可能是事实也可能不是事实，所以不能被认定为一个儿童真正做的事或真实说的话。教师要做的是客观地列举事实，而不是写下结论。只有客观而真实的观察记录才会累积成之后识别、支架儿童的有价值依据。

当然，完成客观记录需要教师日常的练习与坚持。首先，客观记录要求教师应关注儿童当下正在做什么，而不是寻找或评论他或她还不能够做的事。其次，客观记录要求教师检查所使用词语的客观性，辨认是否包含判断性和主观性的评论词语，除非是儿童自己告诉教师的，否则不能对儿童的喜好和厌恶做出判断。

（二）Z 型教研环节 2：识别儿童的学习过程

如果说关注是为了将教师的视角转向儿童，那么识别则是为了让教师更深入地理解儿童。

1. 发现儿童的"最近发展区"

苏联心理学家维果茨基首先将"最近发展区"这一概念引入儿童心理学的研究。维果茨基认为，儿童的发展有两种水平：第一种是已经达到的发展水平，表现为儿童所具备的独立解决问题的发展水平；第二种是可能达到的潜在发展水平，要达到这一水平，儿童需要借助成人的引导、同伴合作才能解决问题。儿童的这两种发展水平之间的距离就是最近发展区。最近发展区的发现意味着教师明确了儿童可能的发展潜力，这个发展区间内的任一水平都对儿童具有一定的挑战且可实现。也只有在最近发展区，教师的支持才有意义，教师的支持要走在儿童发展的前面，但又不能要求过高，揠苗助长。基于最近发展区理论的启示，教师需要通过研究、识别儿童，发现他们的最近发展区，从而提供有效的支持，用支架支持儿童的学习。

2. 了解儿童间的个体差异

美国心理学家加德纳（Howard Gardner）提出了一个新的智力定义，即智力是在某种社会和文化环境的价值标准下，个体用以解决自己遇到的真正难题或生产、创造出有效产品所需要的能力。❶加德纳所谓"智力"的基本性质是多元的，即不是一种能力，而是一组能力；其基本结构也是多元的，即各种能力不是以整合的形式存在，而是以相对独立的形式存在，如它们都有

---

❶ Gardner, H. Frames of mind: the theory of multiple intelligences [M]. New York: Basic Books, 1983.

不同的发展规律并使用不同的符号系统。❶为此加德纳提出了"多元智力理论"。多元智力理论的主要观点包含两个方面。第一，智力是多元的，每个个体都同时拥有相对独立的多种智力；第二，智力的组合方式是多元的，每个人身上的这些相对独立的智力在现实生活中错综复杂地、有机地以不同方式、不同程序组合在一起。❷不同的智力组合使得每个人的智力都有独特的表现方式，每个人都具有不同的智力强项和弱项。

3. 评价儿童的真实发展水平

《幼儿园教育指导纲要（试行）》（以下简称《纲要》）提出，"全面了解幼儿的发展状况，防止片面性，尤其要避免只重知识和技能，忽略情感、社会性和实际能力的倾向"。《纲要》又指出，"关注幼儿学习与发展的整体性。儿童的发展是一个整体，要注重领域之间、目标之间的相互渗透和整合，促进幼儿身心全面协调发展，而不应片面追求某一方面或几方面的发展。"从教育政策上看，在教师的儿童研究中，全面关注儿童学习与发展是基本要求。简单地说，教师对儿童的研究需要着眼于全面性与真实性。

（三）Z 型教研环节 3：支架儿童的进一步发展

在全面评价儿童的真实发展水平的基础上，教师需要对儿童予以相应的支持。

1. 兼顾儿童的差异性学习

我国《幼儿园教师专业标准（试行）》（以下简称《标准》）要求："（幼儿园教师应）有效运用评价结果，指导下一步教育活动的开展。"全美幼教协会在《初高级早期教育专业准备项目标准》中提出，"理解评价目标、价值及作用——包括为幼儿制订适应的目标、课程、教学策略等方面"。全美专业教学标准协会（National Boards for Professional Teaching Standards, NBPTS）在《早期教育教师通用标准》（第 3 版）中提出，"成熟教师能使用多种评价来发现儿童整体发展的信息，从而制订、排列教、学、发展的目标"。该标

---

❶ Gardner, H. Frames of mind: the theory of multiple intelligences [M]. New York: Basic Books, 1983.

❷ 同❶。

准中还提出面向 3—8 岁儿童的教师应 "使用评估数据来告知如何教学"。可以说，教师全面评价儿童的真实发展水平目的在于提供有效的干预，在教与学上为儿童提供有针对性的支持。

但必须强调的一点是，儿童的学习与发展千差万别，教师必须以不同的支架来回应儿童各自独特的学习方式和需求。在某种情况下能很有效地引导、巩固、延伸儿童学习的方法，在另一种情况下可能毫无效果。因此，好的支架需要教师充分运用各种不同的教学方法去引导儿童的主动学习。

《3—6 岁儿童学习与发展指南》(以下简称《指南》) 专门提出，应尊重儿童发展的个体差异，"幼儿的发展是一个持续、渐进的过程，同时也表现出一定的阶段性特征。每个幼儿在沿着相似进程发展的过程中，各自的发展速度和到达某一水平的时间不完全相同。要充分理解和尊重幼儿发展进程中的个别差异，支持和引导他们从原有水平向更高水平发展"。由此可以看出《指南》对教师了解儿童个体差异的重要性，以及支持儿童进行差异性学习这一教育理念的具体阐述。

2. 支架儿童的主动学习

虽然主动学习强调儿童主导的学习，但这并不代表不需要教师的实质性参与。当儿童自发地想学时，其学习的效果是最好的。作为专职的教师，就需要创造各种机会让儿童自己去发现，并激发出想学的动机。虽然儿童是通过游戏在学习，但并不是所有的游戏经验都能导向有意义的学习，儿童有时很难单纯靠自己来提升到另一个发展阶段。此时，教师的支架则可以在对儿童学习行为进行回应的基础上，支架儿童向下一个发展阶段迈进。这种支架包括事先想好要如何把一个概念或技巧教给儿童、需要什么器材，要判断个别教、小组教还是整班一起教哪种方式效果最好，接着才是付诸教学，要通过新一轮的关注、识别去检验原有支架的有效性，进而改进，形成又一轮新的支架。

这里需要对支架概念本身进行探讨，通常我们认为支架是具体的、条目化的。但事实上，相对于教授那些不变的知识、示范某些特定的技巧，针对儿童主动学习的支架更多是概括抽象的、宽泛的。比如，当教师和儿童在讨论他们正在做的事，或问一些挑战他们想法的问题时，教师其实就在支架儿童的主动学习。

　　从以上解析中可以看出，教师将每天的教学实践从完成预设教学计划的过程转变成在一日生活所有环节中不断"关注—识别—支架"儿童学习兴趣和需要的过程，这有效印证了研究理论视角中教育过程哲学的相关观点。基于此，本研究认为，基于教师、儿童研究的 Z 型教研应具有以下典型特征。

　　首先，基于教师、儿童研究的 Z 型教研强调在日常教育教学情境中所做的观察，并用图文的形式记录下儿童的学习过程，关注的是儿童"能做的"、感兴趣的事情，而不是儿童"不能做的"、欠缺的地方。

　　其次，基于教师、儿童研究的 Z 型教研强调为了支持儿童进一步学习所进行的识别，它是一种形成性的评价，识别评价儿童在学习过程中所处的发展阶段，而不是对儿童学习结果进行测评，是教师教学和课程建构的有机组成部分。

　　再次，基于教师、儿童研究的 Z 型教研强调教师基于反思的支架，教师下一步的计划以及支持儿童迈向更高发展阶段的方法、策略和内容都建立在对所观察、识别到的与儿童学习行为及过程相关的信息进行分析、反思的基础上。

　　本研究认为基于"教师的儿童研究"的 Z 型教研不仅是一种教师教研的模式与方法，更是一种理念。与其说它是一种以儿童为中心，教师关注、识别、支持儿童学习的过程，更不如说它是一种教师与儿童一起工作的方式，是教师与儿童合作的过程。它属于教师，更属于儿童，属于每一个参与儿童学习过程的人。

附 录 学前儿童主动学习教师支持手册

表-1 学前儿童主动学习关键发展指标观察条目指南

基本维度	关键发展指标	指标含义说明
主动参与	维度定义	以积极、主动的情感态度参与活动,自主进行计划、选择。
	适应融入计划选择	适应新的环境,积极主动地参与各类活动,并在活动中表现出持续的兴趣和热情。根据自己的兴趣意向,制订活动计划,并自主选择材料或活动方式。
主动发现	维度定义	善于发现新鲜的事物和未知事物,对周围的世界充满好奇。
	善于观察喜欢提问	对周围新奇的人和事物,或对将要发生的事情兴趣,善于通过观察发现不同事物的不同属性或发展变化。面对新异事物和未知事物时乐于思考,喜欢提出问题以满足好奇心。
主动探索	维度定义	积极探索和操作各种事物,即使面临困难和问题,也愿意积极努力,表现出坚持不懈的精神。
	敢于尝试问题解决目标坚持	主动接受和参与有挑战性的任务。遇到困难和问题时,主动尝试多种办法解决。不轻易放弃或改变自己的既定目标,自觉坚持完成需要一段时间的任务。
主动交往	维度定义	愿意与同伴一起游戏,主动建立良好的人际关系,在互动中明确、具体地表达自己的想法和愿望,并大胆自我表现。
	乐于接触互动表达	愿意与同伴一起游戏,主动建立并保持良好的人际关系。在与人互动中、明确、具体地表达自己的想法和愿望,在活动中大胆表现。
主动合作	维度定义	有良好的合作意愿,能够和他人相互协商,通过分工协作共同完成目标。
	冲突解决分工协作	可以通过协商解决冲突。和同伴一起游戏时能够相互配合、相互协作。

表-2 学前儿童主动学习关键发展指标教师检核表

基本维度	关键发展指标	发展阶段Ⅰ	发展阶段Ⅱ	发展阶段Ⅲ
A. 主动参与	A1. 适应融入	对活动感兴趣，但仍会想办法留在信任的成人身旁，或待在某个自己感觉舒适的区域，活动参与度不高。 例：户外活动时间，他一直在看小朋友玩球，但就是不愿松开老师的手去加入游戏。	在成人的带领下参与活动。 例：律动练习时，她总是要求老师牵着她的手，一起做动作。	乐于参与各类活动，在活动中独立自主，积极热情。 例：来到沙土区，他立即挽起袖子投入活动，用小铲子挖土表进模具，做出各种小动物造型，整个过程他都兴致勃勃。
	A2. 计划选择	通过指认或其他动作做出选择。 例：区域活动前，老师询问每个人的工作计划，他指指向拼图。	用一两个单词或短句简单地表达自己的计划和选择。 例：老师问他想去哪个区玩，他回答说："娃娃家。"	能用细节具体说明自己的计划和选择。 例：在计划时间，她对老师说："今天我们要去故事剧场，所以我要先去娃娃家打扮一下，戴一个红色的项链，穿上闪亮的鞋子，还要找个皇冠。"
B. 主动发现	B1. 善于观察	对感兴趣的事物能仔细观察，发现其明显特征。 例：早上进园时，她发现幼儿园门口的玉兰花开了。	通过观察对事物或现象进行比较，发现相同点与不同点。 例：他用放大镜观察毛毛虫，指出毛毛虫身上不同的花纹样式与颜色。	聚精会神地专注观察，发现某种事物的特征或类种物体的前后变化。 例：他找来各种东西放进水里，逐一尝试，看哪些东西会沉下去，哪些东西会浮上来。

续表

基本维度	关键发展指标	发展阶段 I	发展阶段 II	发展阶段 III
B. 主动发现	B2. 喜欢提问	会问简单的问题。例：老师正在示范水墨画，他指着砚台问："这是什么？"	面对未知，会提出问题，以求进一步了解。例：户外活动时间，他惊奇地指着天上的月亮问："老师你看，天上有月亮，白天怎么会有月亮？"	会提出越来越复杂的问题，刨根问底，想了解得更多。例：他问老师："为什么会下雪？"老师说："天冷了，天上的雨就变成了雪。"他又问："雪为什么会飘到地上就不见了？"老师说："雪化成了水。"他接着又问："那水又去哪里了呢？"
	C1. 敢于尝试	愿意参加自己熟悉的活动，接受把握完成的任务。例：户外活动时间，他总是只玩那一种器材。	在成人的鼓励和引导下接受有挑战性的任务。例：在老师的鼓励下，他尝试去学习一个新的舞蹈动作。	主动接受和参与有挑战性的活动。例：在测量距离的活动中，老师请一名小朋友独自步行去行政园长办公室，并计算所需步数，他第一个举手表示愿意去，并顺利完成任务。
C. 主动探索	C2. 问题解决	出现问题时，能寻求帮助，或附和众人。例：在折纸活动中，有个地方不会折，他大声叫让老师来帮自己折。	遇到困难和问题时，有意愿自己想办法解决，但面对问题时努力程度有限。例：她用面团捏小人，但面团抓着更多的面粉，想揉面团变硬，但揉了几下发现还是黏手，她便请求老师帮助。	遇到困难和问题行不通时，会开动脑筋，会再寻找各种新的办法。例：午睡时，他发现鞋子被踢到床底下了，为了把鞋子取出来，他先尝试用手，后来用腿，都没有够到。再后来他又尝试推床，推不动。最后他去洗手间取来扫把，终于将鞋子从床下拨出来了。

续表

基本维度	关键发展指标	发展阶段 I	发展阶段 II	发展阶段 III
C. 主动探索	C3. 目标坚持	会有始有终地完成简单的工作。例：他可以独立完成4片拼图的拼摆。	即使遇到困难，也会坚持下去。例：他在建筑区搭建城堡，一侧城墙不小心被碰倒后，他捡起积木，开始重新搭。	花很长一段时间在一件工作上，不轻易放弃或改变坚持时间的目标，能自觉完成需要坚持一段时间的任务。例：为了完成"比较一周中同一时间温度"的任务，他每天都记得定时去室外测量温度。
D. 主动交往	D1. 乐于接触	能和别的幼儿一起做事或游戏。例：她和另一个小朋友一起在水池边，共用一个水桶玩水。	对同伴活动表现出兴趣，愿意主动接近并加入某个团体。例：她在戏剧表演区看其他小朋友排练童话剧，当缺少一个角色时，她表示自己可以扮演，从而加入排练。	喜欢与不同的人交朋友，主动寻找并建立人际关系。例：班里新来了一个小朋友，他主动走过去和新朋友打招呼，交朋友，邀请他和自己一起玩。
	D2. 互动表达	会对别人的意见或问题加以回应。例：当老师问她春节过得好吗时，她拿着照片说："我和爸爸妈妈去了海边。"	可以自发引起一段对话，或延伸和别人的对话。例：区域活动后，她高兴地告诉老师和同伴，自己会玩魔尺了，而且还主动和别人讨论魔尺还能变成什么。	会与成人或同伴来回交换意见。例：当他们一起讨论"鲸鱼是不是鱼"这个问题时，列举了鲸鱼不是鱼的多个理由，并用事实反驳了那些坚持相反意见的同伴。

续表

基本维度	关键发展指标	发展阶段 I	发展阶段 II	发展阶段 III
E. 主动合作	E1. 冲突解决	接受成人或同伴的建议来解决冲突。例：他在和同伴玩陀螺时发生了争执，老师说每人一次转一下，轮流玩，他点头答应。	遇到冲突后，先尝试提出解决的办法，再寻求成人的帮助。例：在拼搭区，为了借同伴的红色插件，他拿自己的蓝色插件去交换，但同伴不肯，他便呼喊老师。	遇到冲突后，主动提出解决方法，并经过自主沟通协商，最终达成协议。例：她与同伴为扮演不同的角色发生争执，之后她提议抽签，并组织大家制作代表不同角色的便条，最终通过抽签完成了角色分配。
	E2. 分工协作	当有人邀请时，愿意合作，共同游戏或共同完成任务。例：在建构区，一个正在搭建立交桥的同伴让他帮忙搭一条隧道，他表示愿意，并马上去寻找合适的拱形积木。	愿意和同伴共同游戏，在与同伴合作的过程中配合非常默契。例：他和几个小同伴一起合作圣诞卡，一个画松树，一个剪雪花，一个粘贴装饰物。	会制定游戏规则，组织、带领同伴一起游戏。例：他和其他几个小朋友一起在娃娃家，他对另外三个同伴说："我们来开饭店吧，你当服务员，你当客人来点菜，我当厨师来炒菜，好吗？"

教师支持要点

　　研究者与合作教师团队通过行动研究，围绕学前儿童主动学习关键发展指标，对各指标相对应的教师支持要点进行了归纳总结。

A. 主动参与

　　儿童主动学习的基本方式就是要主动参与，要参与到活动、游戏、学习生活的各个环节，最大限度地发挥他们的自主性、能动性和创造性，让每一个儿童都能够得到充分、自由、健康的发展。为此，教师应积极创设条件，引导儿童主动参与。

A1. 适应融入

【指标说明】

　　儿童适应融入的表现主要反映在几个方面，即心理适应融入、生活适应融入、社会适应融入、人际适应融入、学习适应融入等五个方面。如有些孩子遇见自己喜欢的人，就会很快熟悉并打成一片，但对于自己不熟悉的人就表现出拒绝和胆怯，这就是幼儿心理适应融入能力不强的表现。儿童的生活适应融入指儿童逐步接受当前环境的生活方式，形成良好的生活习惯。社会适应融入是指儿童逐步接受外部世界，形成道德规范和行为准则。人际适应融入是指儿童与他人之间的良好交往。学习适应融入则指儿童能够形成良好的学习习惯并接受知识的熏陶。

【观察记录】

　　洋洋上完厕所发现地面湿了，他跑过来告诉老师："老师，地板湿了，小朋友会滑倒。"老师问他："那你可以帮忙把地板擦干净吗？"洋洋点点头，跑去拿吸水拖把，学着老师平时的样子一遍一遍地拖。他能够正确抓握拖把，来回数次拖拽，直到把水迹全部擦干。拖完地板，放回拖把后，洋洋说："这个有点累呀。"

——教师苏晓芬记录

大组活动，老师介绍了如何使用放大镜观察树叶。亮亮模仿老师的样子，拿着放大镜开始观察，他说："我看到了不一样的颜色！"又看了一会儿，他又说："这个树叶边边的黄色和中间的黄色不一样。"自由工作时间里，亮亮继续拿着放大镜去观察其他各种玩具。他大声告诉小伙伴："看！这个玩具变得这么大！"

——教师易燕平、张楠雨记录

【支持要点】

在集体教学活动中，儿童适应融入的首要心理品质就是自信心。自信心是儿童主动学习的重要心理因素。自信的孩子对人对事会表现出更积极的心态；反之，自卑的儿童则害怕犯错，害怕被拒绝、被否定，容易退缩。因此，激发儿童主动适应融入，教师还应以树立儿童的自信心为基础，平常要多发掘每个儿童身上的优点，在集体和公众场合尽可能多地肯定和鼓励儿童，多给予儿童积极的评价。

在区域活动中，教师应始终关注儿童的兴趣所在。因为兴趣是儿童活动的动力机制，而我们也常说：兴趣是最好的老师。同时，它还是儿童适应融入的关键因素，决定着儿童对活动、同伴和活动目的的选择。而且儿童的兴趣也激励、维持儿童活动的实际过程。只有提供了儿童感兴趣的活动材料和环境，并始终保护活动过程中儿童的兴趣，才能使儿童逐步适应并尽快融入各项活动中，并逐步积累经验融入集体和社会，融入人与人之间。

A2.计划选择

【指标说明】

计划和选择是儿童主动学习的核心要素，更是开展主动学习的先决条件。作为主动学习者，在参与活动之前，儿童出于自发的兴趣和需要做出计划，之后按自己的方式参与活动，进而展开相应的学习过程。一开始儿童有可能需要借助成人的提示，且仅能做出非常简单的计划，但随着儿童能力的发展，他们的进步表现在可以做出更为具体、复杂、有明确目的的活动计划。同时，儿童的学习过程也是一连串的选择活动，从活动材料、活动方式到活动目标的达成，无一不是选择的结果。如同做出计划一样，儿童一开始需要借助成人的提示进行选择和操作，但随着主动学习能力的提升，儿童会逐渐进行自主选择与独立操作，这便是更高水平的主动参与。

【观察记录】

在"今日小当家"活动中，孩子们需要轮流照顾班级环境，比如擦桌子、扫地、洗托盘等。亮亮一来幼儿园就站在"今日小当家"的展板前，拿着自己的名牌，犹豫着要选什么。最后，他选择了洗托盘。上午吃完水果餐后，大家开始各司其职。亮亮先将托盘里的垃圾倒进了厨余垃圾桶，接着去水池洗托盘。亮亮了解"小小管理员"的职责，能自觉照顾班级环境，完成计划好的任务。

——李老师记录

上午计划时间，小陈老师拿来一部电话机，通过打电话的方式与幼儿一起做计划。小陈老师假装给睿宝打电话，问道："Where do you want to play？你想去哪里玩？"睿宝接起电话，用手指了指娃娃家。小陈老师用语言确认说："House area."睿宝一边点头一边说："是的。"睿宝已经逐渐熟悉了班级的区域，可以对自己想

要去的活动区域做出明确选择。

——教师杨雁记录

【支持要点】

在集体教学活动中，即使存在统一的活动目标，教师依然需要支持儿童进行个性化的活动计划和选择，实现集体活动中的儿童差异化操作。教师可通过提供尽可能多样的活动操作材料满足儿童自主选择需要，同时也使不同发展水平的儿童可以获取不同操作难度的支架性材料，促成其实现对符合自身最近发展区的材料的独立操作任务。另外，在集体教学活动的有限时间内，也应尽可能满足儿童对物体的操作摆弄，尊重他们的操作意愿。

在区域活动中，教师应格外注意活动前的计划环节，鼓励儿童在操作材料前充分表达他们的活动意愿，尝试表述具体的操作计划与安排。在一日生活中，教师也应允许并鼓励儿童自己设定一些生活目标，如定时观察植物角、轮流照顾班级饲养的小动物、在午饭后的过渡时间自选图画书阅读等。在选择操作过程中，教师则应在为儿童操作提供充足时间与空间的基础上，允许儿童自由选择区域游戏材料、决定游戏方式、挑选游戏合作伙伴。

B. 主动发现

主动发现是儿童在好奇心的驱使下，对新奇事物产生兴趣进而引发注意、关注，是认知与情感相互作用的产物，是促使儿童对新奇事物去观察和探索的一种原始性内在冲动，对于儿童求知欲和稳定兴趣的形成有重要作用。儿童主动发现的行为表现主要有善于观察、喜欢提问等。

B1. 善于观察

【指标说明】

善于发现具有新异属性的刺激物，并对其维持持久的知觉。幼儿的观察能力是幼儿重要的智力结构。观察是一种有目的、有组织、有计划、比较持久的知觉；包含着理解、记忆与思维的先导，是想象、创造的源泉，对于幼儿的智力发展十分重要。

【观察记录】

本学期研究的是蔬菜主题，小易种植了蒜头。每天放学，小易都会跑到阳台看看蒜头长得怎么样。小易说："我要给它浇多多的水，它就能快快长大了。"她拿了一个水壶，找到贴着自己姓名签的蒜头宝宝，蹲下来给栽下的蒜头一个挨一个地依次浇水。她说："它还要晒太阳才能长大，但今天没有太阳。"又过了几天，她看见蒜头长出了绿色的小苗，兴奋地告诉老师："老师，我的蒜头长出绿色的叶子了。"每

天小易一定都会去关注种植下的蒜头，看看有没有长出来更多叶子，并开始用一些比较词语来表达变化，比如她会说："我的蒜头长得比你的高。"

——教师杨虹、朱文娟记录

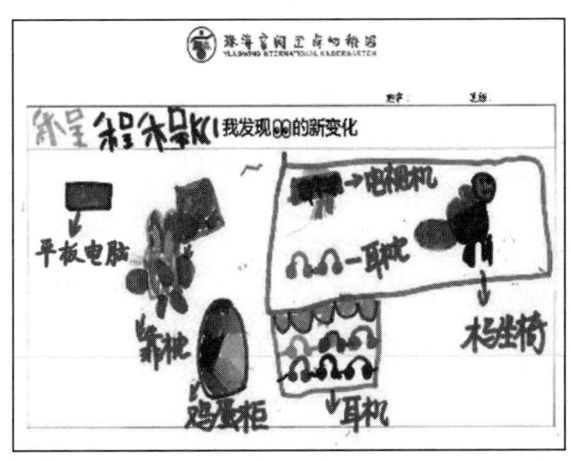

在幼儿园格林书屋的升级改造过程中，老师将孩子们的改造设想最大化地进行了实现。今天，孩子们第一次来到改造后的格林书屋。他们通过绘制参观记录图来寻找书屋有了哪些新变化。小可认真观察了每一个区域，将自己的新发现记录在表格中。小可画了很多个耳机、一个木马座椅、一个平板电脑、一个靠枕、一个新书柜，并把它取名为鸡蛋柜。在没有任何提示的情况下，小可回忆出格林书屋以前的种种细节布置，对比新书屋的变化，逐一记录下自己所有的新发现。

——教师韦业记录

【支持策略】

在集体教学活动中，教师在活动的环节设置上，要为儿童自主观察、自主发现留出时间和空间。请儿童通过触摸、摆弄活动材料，自主观察并发现、总结材料的构成与特点，取代之前教师单向的示范讲解。还可通过在生活环节设置观察记录簿，鼓励儿童勤于观察，坚持记录，以此帮助儿童丰富观察经验、建立事物之间的联系并乐于分享发现。

在区域活动中，经常和幼儿交流在生活中观察到的事物，引导他们学会留意和发现生活中的一些现象，并将观察到的事物记录下来，如形态各异的雪花，不同季节的雨，麻雀、燕子的生活习性。对于幼儿观察后提出的问题，应鼓励儿童通过阅读图书、交流或多媒体学习等方法主动获得结论。

B2.喜欢提问

【指标说明】

学习过程包含两方面的建构，一方面是对新信息的意义的建构，另一方面是对原有经验的改造和重组。学习者在建构新信息的意义时，如果发现其与原有经验之间存在矛盾、冲突，这将会使学习者产生问题意识，这往往是主动学习的开始。疑惑所表明的是儿童对于学习内容高度注意同时又受到阻碍时的一种表情反应和状态，也是思维的第一步。发问包括自我发问、向同伴的求助性询问和向教师的求证性提问。发问表明儿童自己意识到他的疑惑和他所面临的问题，也表明他在问题解决上自觉主动的努力。

【观察记录】

本周，班上来了一群"新朋友"——小蝌蚪，孩子们都很好奇，每天都会找时间去观察，班里一下子产生了很多关于蝌蚪的讨论。当谈论"小蝌蚪吃什么"的时候，瀚瀚举着蝌蚪观察瓶，边观察边说："这里面有一根长长的面条。"瀚瀚问老师："黄色的是什么？"

老师回答是红薯，瀚瀚自言自语道："对，黄黄的像南瓜一样。"过了一会儿，瀚瀚又问老师："那蝌蚪在河里，会有什么动物来吃它们呢？"老师鼓励他："你自己猜猜看。"瀚瀚想想说："小螃蟹，螃蟹会把小蝌蚪夹住。"

——教师艾超群记录

午餐后，妍妍来到昆虫的新家，她问老师："这是什么虫子呀？它为什么身上有小点点？"老师告诉妍妍这是"荔枝椿"，妍妍接着问："它喜欢吃荔枝吗？"带着妍妍的问题，老师和她一起查询班上的《昆虫百科知识》一书，了解到荔枝椿是一种害虫，喜欢危害荔枝和龙眼树，所以取名荔枝椿。妍妍听完之后很满足地笑了。之后，她透过盒子继续观察虫子，尝试数一数荔枝椿有几条腿、几只触角。"老师，它真的有六条腿，两个触角，它是昆虫！"妍妍最终确认道。

——教师苏晓芬记录

【支持策略】

在集体教学活动中，教师可通过引导性的语言激发儿童产生思维冲突，进而主动发问。让儿童从不会问、不敢问、不愿问到会问、敢问、愿问，教师的引导语与对待幼儿提问的态度有关。对于喜欢提问的幼儿，教师要耐心细致地给予引导并及时回应幼儿的提问，适时给予肯定和鼓励，切记不要限制幼儿的主动提问。

在区域活动中，教师首先应该向幼儿提供并创设发问的环境，教师要有问题意识，要充分认识到培养幼儿提问的重要意义。首先，在设计活动时要为幼儿精心创设提问的机会，搭建起幼儿提问的平台。其次，要设置问题环境，这样可以更加容易地使儿童发问，并激发幼儿提出问题。

C. 主动探索

探索即多方寻求答案，解决疑问。探索是在遇到疑难问题时，为解决问题而付出的系统努力。学习中的探索行为就是学习者解决问题的行为，探索过程就是尝试解决问题的过程。这一过程是学习者在意识到问题的基础上，主动解决问题的过程。对于儿童的主动学习，仅仅是主动发现、主动参与是远远不够的，还必须让儿童维持某些兴趣，推动其主动地进行探索，使兴趣向更高层次发展，最终使得儿童从主动学习中获益。

C1. 敢于尝试

【指标说明】

敢于尝试是指儿童主动尝试做一些有难度、有挑战性、有风险、相对陌生的活动。主动性与创造性密切相关，也是儿童能否实现创造的重要前提。当孩子想要去尝试一件事情时，我们要相信他、鼓励他，让他大胆去尝试。这不仅可以充分调动孩子的主观能动性和积极性，还能激发孩子主动探索的兴趣，进而有利于孩子自己发现问题并解决问题。

【观察记录】

春分到，蛋儿俏，春分竖蛋，也称春分立蛋。今天梦梦老师表演了竖蛋绝活，迅迅听完老师的讲解，跟着梦梦老师一起在地板上竖蛋，但是试了几次都没有成功，老师引导迅迅观察鸡蛋的外形，发现尽管鸡蛋是椭圆形的，但是有一头稍圆，一头稍尖。迅迅了解到这个关键点后，就久久趴在地毯上，反复旋转鸡蛋，寻找平衡点。通过多次尝试后，他发现当圆的这头朝下时，鸡蛋竖立得更稳。有了这一发现后，他又反复尝试在立住的情况下，如何慢慢地松开双手。探索了近10分钟后，终于有一次当握着鸡蛋的手松开时，鸡蛋真的立起来了！他开心地告诉老师："你看，你看，我的鸡蛋竖起来了！"

——教师余婷、段梦颖记录

　　户外活动时间，孩子们一起在攀爬架上做运动。当越越爬上去时，她在中间站立的地方，试着把腿从栏杆里面拿出来，但马上又缩了回去，老师问越越怎么了，她说："我害怕。"老师鼓励她说："我这样扶着你的两只手，保护你。"老师将越越的手放在梯子的两侧，又用自己的手抓住她的手腕，给她安全感，并告诉她："就这样用手扶着两边，慢慢往前走。"就这样，越越慢慢尝试着爬上梯子，并成功地从另一侧的滑梯上滑下来，她兴奋地说："我还要再玩一次！"

——教师金玲玲、罗文记录

【支持策略】

　　在集体教学活动中，教师可在统一的活动目标下提供多种玩法，为儿童创造多样化的选择，鼓励幼儿接受挑战。教师可根据儿童的年龄、身高、智力、力量等情况设置活动目标，并让儿童认知活动设置的过程，使儿童熟悉活动，建立起敢于尝试的自信心。例如，在过水池的活动中，可以先让儿童在空池中感受高度，日后再逐步注入水，在不同水位高度鼓励儿童蹚过水池。

　　在区域活动中，教师尽量不要设置超出幼儿自身能力的玩具或游戏，以免使儿童短时间内频繁地感受挫折和失败。当幼儿在活动中遇到困难了，教师应该及时鼓励儿童，调动儿童的主动性和创造性，使之付出努力并在尝试中解决问题，实现儿童的自我提高，帮助儿童积累自信，建立敢于尝试的心理基础。

C2. 问题解决

【指标说明】

　　幼儿问题解决的能力是社会行为能力的重要组成部分。幼儿问题解决的能力是指幼儿在日常的生活学习中，对在与人交往和对物进行操作时所遇到的行为问题进行自我反思、自我判断，并独立采取积极有效的解决策略。问题解决能力的培养能使幼儿在面对困难和失败时有信心和独立意识，能尝试寻求解决问题的方法，正确处理生活中的矛盾，并通过问题解决实现知识技能由外向内的吸收与建构。

【观察记录】

上周，孩子们在红豆、绿豆、黑豆和黄豆中挑选自己喜欢的豆子，进行水培豆芽的活动，但是大部分豆芽都没能成功长大。我们总结失败教训，有针对性地选择种植最容易发芽的绿豆，继续我们的水培豆芽实验。浸泡豆子的那天，灵儿多次去观察泡在水里的绿豆，发现："豆子变大了！"等到种植时，灵儿用手先随意地将泡好的绿豆撒下，然后开始用手将绿豆一颗颗逐个铺开摆放在水培盆中，一边铺一边说："不能让豆子们挤在一起，上次种的时候我发现，那些豆子特别多的地方，都没有发芽。"虽然周围的小朋友很快就完成了撒种这个环节，但灵儿坚持按照自己的想法，把每一颗绿豆都依次整理铺平后，才最终为绿豆们洒水。灵儿通过观察推测出了先前实验失败的原因，尝试运用自己的方法解决问题。

——教师韦业记录

户外活动时，洋洋一直在和大滚筒玩。一开始他在小操场上推滚大滚筒，直线推、绕圈推，越推越快。这吸引了其他小朋友也过来玩滚筒。有个小朋友钻进滚筒里，洋洋也很想钻进去，但滚筒太高，洋洋尝试几次都爬不进去。洋洋看看四周，跑去器械区搬来一个拱桥大积木，围在滚筒周围，借助垫高的拱桥，洋洋成功爬进滚筒里面。

——教师苏晓芬记录

【支持策略】

在集体教学活动中，教师应该明白，对于任何一件事情的探索和学习，当达到一定程度时，幼儿都会遇到很多困难。这个时候，儿童会不会被困难和挫败感打败，一方面，取决于儿童的意志品质；另一方面，也取决于儿童先前在这件事上所积累的自信和成就感。教师应在儿童自信心和独立意识上给予充分的支持，例如，当儿童在集体面前独立完成一个小任务时，教师应当众给予肯定。

在区域活动中，可根据幼儿已有的生活经验，模拟日常生活中出现的难题，鼓励幼儿通过自己的努力克服困难，解决问题，也可以针对幼儿的实际表现进行随机教育。例如，当幼儿因借不到玩具而无法完成目标时，让幼儿自己想办法解决。当幼儿遇到无法解决的难题时，可以按照以下步骤教他解决：发现问题—让幼儿描述想要达到的效果—引导幼儿描述结果—让幼儿思考能够自己独立完成和需要他人帮助的环节，在他切实需要帮助时给予及时的指导和帮助。

C3.目标坚持

【指标说明】

为达成既定目标，克服困难，坚持不懈，自觉、持久地完成自己设定的目标。幼儿因为年龄小，常会在遇到难题时产生畏惧、退缩心理，这是由于他们缺乏信心，对自己的能力估计不足，不能正确评价自己，缺乏社会经验。教师应在实际生活中帮助幼儿了解自己，还要引导幼儿想办法解决问题，坚持目标，通过努力获得成功。

【观察记录】

元宝在区域里发现一只熊猫套娃，大熊猫里套着小熊猫。元宝好奇地一层层打开，最小的熊猫只有指甲那么大！套娃完全吸引了元宝的注意力，她在地毯上反复摆弄着10只大小不同的熊猫，和小朋友一起玩了15分钟左

右。之后，元宝开始尝试着把一只熊猫往另一只熊猫的肚子里装，无序填充了几个后，元宝发现总有个别熊猫塞不进去或留在外面。这时，元宝会把所有的熊猫全部拆分开，再重新组合、填充。她一遍又一遍地尝试，装不下拆了，再装，又装不下，再拆再装，始终没有放弃。这个过程中，由于反复多次，元宝慢慢记住了前几个大小差别特别明显的熊猫的填充顺序。当再次打开时，她会把这几个熊猫先放在一起。几次反复尝试后，她发现了那几个经常排列在一起的熊猫，会有由小到大的递增规律。这时，元宝改变了一开始无序填充的做法，而是先尝试把所有熊猫排列成一排，然后通过目测比较，不断调整左右顺序，最终实现所有熊猫按照从小到大的顺序依次排列成一排。这一次，元宝由小到大，依次把小熊猫放进大熊猫肚子里，一次成功"变"回大熊猫！从无序排序到找到规律，元宝始终积极尝试，直到成功归位。

——教师欧静静、梁俐萍记录

一串奇怪的图形符号引起了孩子们的注意，原来这是加密数字，要想知道密码，孩子们需要通过破译密码，输入正确数字，才能闯关成功。通过观察，小润发现密码中有不同的图形，他试着点数不同图形的数量。第一次数完他很快就忘了，没有记录下密码。重新数第二遍时，他数完一个图形，就先将这一形状数量对应的数字，一笔一画地书写在密码本上：三角形6个，圆形7个，糖果6个，五角星3个。教师引导小润从左往右读出密码，6763，密码被成功破译。

——教师欧静静、梁俐萍记录

【支持策略】

在集体教学活动中，教师设计教育活动时要为儿童选择难度适宜的任务，难易程度应为儿童经过一定努力可最终达成的。每个活动都有难、中、易三种程度，准备差异化的材料，使得不同层次水平、不同能力的儿童都有完成目标的可能。在活动过程中，注重关注儿童的活动进展情况，在适当的时候给予相应的支持：当儿童遇到困难时，了解他们退缩的真正原因——是因为能力所限，还是情绪上的畏难，或者是没有兴趣，然后再对症下药地对儿童进行鼓励和帮助。如果受能力所限，教育者应提供相应的技术支持，协助儿童克服困难；如果只是主观上想放弃，应鼓励儿童坚持做下去。当取得阶段性胜利时，给予儿童适当的肯定，鼓励其继续下去；当任务完成时，充分肯定其努力与坚持。

在区域活动中，儿童目标坚持的本质特征是目的性、意志的努力或内在动机。在教学活动中，学习主体能够自觉地设置心理距离，使自己以意志行动的形式排斥那些与教学无关的事物的干扰，将其心理活动指向和集中于一定的教学内容，即表现为注意的心理过程。幼儿对事物和活动的注意包括无意注意和有意注意，主动学习中的注意是一种典型的有意注意。由此可见，教师的教学任务固然要通过儿童的主动学习来实现，而儿童的主动学习必须首先体现为一种儿童对于学习目标的有目的的、付出意志努力的注意。

D. 主动交往

交往在人类活动中是十分重要的，它可以起到沟通信息、增进感情、加强合作、使社会和个人心理向健康方向发展的作用。当今社会是一个信息社会，一个需要彼此加强紧密合作的社会，因此交往对现代人来讲就显得更加重要。主动交往的表现包括愿意和同伴或成人在一起而不愿意独处；喜欢与合得来的人相处；愿意别人把自己接纳为家庭、班集体、学校和其他社会团体的成员，而不愿意被抛弃；等等。

D1. 乐于接触

【指标说明】

乐于接触是人与人之间通过言语的表达、信息的传递、友好的动作倾向所传递的一系列社会性行为，是一个反复积累的过程。学前教育的目标之一就是让幼儿乐意与人交往，养成互助、合作和分享、有同情心等良好品质。乐于接触是指懂得同伴之间应该相互关心、相互帮助、相互谦让，懂得建立良好的同伴关系，欣赏同伴，体验交往和接触的快乐。

【观察记录】

户外活动时间，正正先选择了一辆后面有两个座位的单车。站在正正旁边的尼可和月月都觉得骑单车太累了，不愿意骑车。正正主动说：那你们来坐我的车吧！尼可和月月一听，马上露出了笑容并坐上了正正的车。当骑行到园林小道的上坡位置时，正正突然骑不动了，他对尼可和月月说："这里太重了，好难骑呀！"尼可和月月听到后，马上下车开始从后面用力推单车。重新上坡后，尼可和月月又坐上了单车。正正说："你们坐好了吗？要出发了！"

——教师唐茜茜、周婷婷记录

游戏时间，小朋友们一起找不同。小包对比了一会 AB 图，然后主动走向帅帅，对他说："帅帅，你找到了几个不一样的啊？我们对一对，看看找的一不一样。"帅帅说："好啊，我只找到了三个，其他的找不到了，我看看你的。"小包说："看！这个人戴的帽子不一样；猫的花纹是斑点的。"帅帅说："小猫的我没发现，但你没发现桥下有辆自行车。"小包："我怎么没看到。你还挺厉害的！"

——教师常艺凡记录

"胆量游戏"需要靠平衡能力快
速通过彩虹桥。洋洋有点紧张，速度
慢下来就有点摇摇晃晃，后面的小哲
说："洋洋，你怕吗？"洋洋说："前
面的人太慢了，我感觉站在这里不太
稳，我怕掉下去。"小哲说："我拉住
你，你别晃，慢慢走。"

——教师常艺凡记录

【支持策略】

在集体教学活动中，无论在玩耍还是在学习，教师都应该时刻表现出自
然、大方、亲切的风格，平等、热情、温柔地对待每一个孩子，这将对孩子
形成积极的心理影响，为幼儿主动与教师、同伴交往创设良好的人际环境。
此外，教师应尽可能将新事物与孩子所了解的知识相连接，说服他们上幼儿
园、单独与小朋友玩耍、融入操场活动等，这都是孩子实现交往、与他人或
他物接触的机会。

在区域活动中，教师有意将内向不愿主动接触外界的幼儿与外向乐于接
触的幼儿分成一组，让幼儿在同伴互助中学会交往。开展"我的好朋友"系
列主题活动，如布置主题墙"我和朋友""制作朋友树""讲述我和朋友之间
的故事"等。为幼儿提供与弟弟妹妹进行交往的机会，如进行"我和弟弟妹
妹一起玩""请让我来帮助你"等活动。

D2. 互动表达

【指标说明】

互动表达是指乐于与人交谈，大方自然，敢于表达自己的愿望、要求和
疑问，能清楚地表达自己的想法或见解，并且可以用多种形式在集体面前展
示自我。互动表达可以帮助儿童认清自己在做什么，了解别人在做什么，从
而加强幼儿自身的学习。善于互动表达的幼儿能在不断积累的经验中获得自
信与成功带来的愉快，同时也会赢得他人的认可。

【观察记录】

区域活动时间，小朋友们都按照自己的计划在区域里活动。小馒头在小厨房煮饭，小麦在积木区玩拼插玩具。小馒头一边煮饭一边对坐在地毯上的小麦说："小麦，我在做好吃的。你要不要吃呀？"小麦听到后，走近小馒头问："什么好吃的呀？"小馒头说："我做

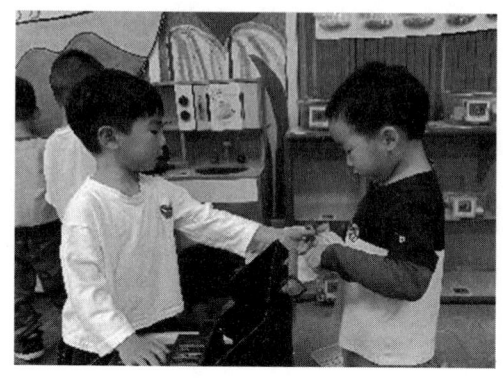

的是烤肉。放假在家，我和我妈妈一起去公园烧烤，那烤肉可好吃了。"小馒头一边说着，一边把"烤肉"递给小麦，小麦接过后张开嘴巴假装吃了一口。

——教师唐茜茜、周婷婷记录

工作时间，鑫鑫先将布铺在地上，之后又把一些食物铺在布上。然后他开始邀请周围的小朋友："我们一起野餐吧！有谁想野餐？"不一会儿，就有很多小朋友加入，有的吃烧烤，有的搭帐篷，有的吃比萨……，铺在地上的东西很快被弄得乱七八糟。鑫鑫很生气，叉腰提醒同伴说："要保护环境！"看没有人理他，他主动找到老师说："杜老师，你是警察，我给你打电话，你要接哦！"然后鑫鑫假装打电话说道："警察！快来！有人在捣乱了！"

——教师杜婧记录

【支持策略】

在集体教学活动中，教师要创造环境与条件，鼓励幼儿大胆表达自己的所思所想，展示自己的所作所为。教师应做忠实的倾听者和耐心的应答者，

多为幼儿提供自由表达、交流讨论的空间，让幼儿在互动畅谈中享受表达的快乐。教师也可开展幼儿感兴趣的互动表达活动，以提高幼儿的表达能力和交流的能力，例如，举办小小故事分享会、诗歌接龙朗诵会、小小辩论会、新闻发布会等一系列能够让儿童互动表达的集体活动。

　　在区域活动中，要让儿童习得文明的交往语言和言行规范，比如要主动向师长问好，主动关心和帮助有困难的人等。当幼儿自己的力量难以达到或实现某种目的时，儿童可与同伴协商，让同伴帮自己想办法或帮自己做，例如在区域活动中，小华用积木搭房子，积木太少，她需要到玩具区取材料，但是搭到一半的房子没有人扶着就会垮掉，他对身边的小艺说："你来帮我扶一下好不好？我要去那边取一些积木，房子搭好了我们一块玩。"小艺欣然答应了小华的请求。

E. 主动合作

　　交流沟通的目的是建立关系，关系的高级阶段就是合作。协同性指学前儿童和同伴相互配合、相互协作的品质。自发性的合作活动让儿童自由选择自己的合作伙伴，尽可能少地由教师分配。在进行小组合作之前，可让儿童报告该组的成员和分工以及初步的设计，这样有利于儿童在做之前就达成合作完成的共识，并且思路清晰，更容易成功。对儿童表现的评价也可采用小组的方式，以强带弱，让合作性强的儿童带领合作性弱的儿童一起活动。

E1. 冲突解决

【指标说明】

　　作为儿童社会化的重要组成部分，冲突解决对于儿童自身的人格与其社会行为的发展有着极为重要的作用。儿童在冲突解决中逐渐获得了观点采择能力，增长了社会经验，促进了儿童的社会交往能力。有学者认为，儿童的社会化过程是在不断解决个人的内部冲突和在与他人的冲突中逐步得到发展的。不同的儿童选择解决冲突的策略也不尽相同，这就需要儿童具有解决自我与同伴间冲突的各种能力。

【观察记录】

餐后过渡时间，晓琳向西西发出邀请："西西，我们一起玩飞行棋吧！"西西同意后，他们一起来到益智区，晓琳拿出棋盘放在桌子上，说："我想要黄色的棋子。"西西说："我也想要黄色的。"晓琳说："那我们石头剪刀布吧！"

——教师谢晓霞记录

工作时间，豆豆和小朋友选择了到积木区一起玩，面对如何搭建火车轨道的问题，大家争吵起来。豆豆说："搭一个双层的。"米果说："搭一个隧道。"希希说："搭一种立交桥上的剪刀吧。"豆豆提出自己的建议："那我们投硬币来决定不就可以啦！"其他小朋友不接受他的建议。豆豆又试着换一种方式说："那我们先画图，谁画得好，就按谁的建。"这个建议得到了其他小朋友的一致同意，大家都纷纷去美工区找纸笔，开始画火车轨道设计图。

——教师王亮、王咏梅记录

【支持策略】

在集体教学活动中，儿童在游戏时经常会发生冲突，这恰恰是提升冲突解决能力的最好时机。此时，教师切忌立刻介入，而应该依据情况耐心观察片刻，给儿童足够的时间和空间，相信他们可以自己解决，培养幼儿问题解决的勇气。对于很难化解的冲突，教师可以以第三者的角度启发性地向儿童提出建议和意见，之后再让儿童自己选择。当儿童取得成功后，教师及时肯定，帮助幼儿建立自信，认定问题可以解决。

在区域活动中，教师要努力创建和谐的冲突解决环境。首先，发挥教师的专业自主权，在班级环境的设计中注重色彩、道具、图画、语言等关键要素，在儿童活动的环境中营造出轻松和谐的氛围。其次，儿童的冲突解决过程要因人而异。例如，有的儿童情绪十分强烈，这类儿童遇到问题会比一般幼儿更易感到压力，这时就需要教师给予更多的安抚。

E2. 分工协作

【指标说明】

分工协作是指为了共同的目的的两人或多人、两个集体或多个集体共同完成某项工作或某一任务的行为。对于儿童来说，就是在游戏、学习和生活中能够互相配合、分工和协商解决问题、协调关系，使活动顺利完成。儿童学会了正确合作的方法，有初步协作的意识，能在集体活动中与同伴分工协作，完成简单的任务，能与同伴协商、分工、协作，提高合作的能力。

【观察记录】

户外时间，老师带着孩子们有针对性地练习两人三足。宸宸和弟弟手牵手配为一对。老师示范了两人三足的走路技巧，让两人跟着口令"里面、外面、里面、外面"步调一致地走。但两人真正开始迈步时，却发现动作不统一，两人虽然在喊口令，但是各喊各的，一个喊得快，一个喊得慢。宸宸说："我们只能一个人喊口令。"重新再来，这次，只有宸宸一个人喊口令，前几步还是不太协调。老师提醒他们"看着脚下喊口令"。宸宸有意识地按两人迈步的速度，调整口令的节奏，慢慢地，两人的动作终于保持一致了。到达指定终点后，宸宸和弟弟抱在一起，高兴地跳起来。

——教师韦业记录

在区域活动中，月月跟乔乔、嘻嘻一起玩磁铁玩具。月月提议搭建一个游乐场，乔乔、嘻嘻都同意。月月说："我们建一个长隆海洋公园的鲸鲨大鱼缸。"乔乔说："摩天轮我最喜欢！"嘻嘻说："还有旋转木马。"每个人都希望按自己的想法进行搭建，

三个人都喊着"按我的，按我的"。这时月月说："这样吧，我们每个人先把自己最喜欢的搭好，然后再拼在一起，好吗？"另两个好朋友都赞同，于是三个好朋友各自开始搭建。

——教师常艺凡记录

背部夹球游戏中，孩子们自己寻找同伴，和同伴背靠背，手臂、手肘互扣，然后将放在后背之间的球，用螃蟹走步的方式运送到篮子里。可可和毛豆一起运球，从起点出发后，一开始，毛豆牵着可可向左走一点，可可又拉着毛豆向右走一些，走得摇摇晃晃。老师在一旁提醒，他们尝试让步速慢下来，找回了原来的节奏，最终成功将球运送到了终点。

——教师易燕平、张楠雨记录

【支持策略】

在集体教学活动中，首先，教师应多留出一些时间让儿童进行共同游戏。在共同游戏的过程中，儿童会自发地进行合作、交流，从而发展相互合作的能力。可以说，共同游戏是发展儿童合作能力的最天然也是最肥沃的土壤。其次，教师应明确讲清分工协作的各项要求，让儿童学会分工协作的方法。例如，组织幼儿玩服装加工厂的游戏时，要求儿童分组为服装钉纽

扣、做装饰；也可以让幼儿穿自己做的服装进行表演；还可以开展小组竞赛游戏。

在区域活动中，当幼儿在学习中遇到困难时，如果能主动向别的小朋友求助或与其他小朋友商量解决问题的办法，这就是幼儿为了完成学习任务而自觉寻求问题解决方法的表现。教师将能力强的幼儿与能力相对弱的幼儿分成一组进行合作，让能力弱的幼儿多思考，能力强的多帮助，做到强弱互补，共同提高。

活动环节要素

课程之中的"程"，着意强调过程，而主动学习品质也只有在主动学习的过程中才能得到培养与发展。活动的组织形式与结构，旨在突出"在过程中支持儿童的主动学习"这一基本观点。行动研究要在理论研究中对儿童主动学习的纵向动力机制进行分析，以激发儿童的内部动机为突破口，通过活动环节的设计，对应儿童内部动机的唤起、维持和指向功能，实现对儿童主动学习典型学习过程的强调。据此，研究者和合作教师针对不同的活动组织形式，设计开发了集体活动的"五段式"和区域活动的"三部曲"。

集体活动"五段式"

当前，我国幼儿园教育实践中的集体活动多以教师示范、儿童接受为主，儿童的主动学习现状堪忧。然而，人口基数过大的基本国情决定了集体活动依旧会是我国幼儿园在今后很长一段时间内的重要教育组织形式。如果无法在短期内解决师幼比低、班额较大等一系列的现实问题，那么在现有集体活动组织形式的架构下，通过活动内部的环节设置来充分调动儿童活动的主动性，支持儿童的主动学习，则不失为一种有益的教育改进尝试。

情境学习理论认为，学习需要在情境中进行，基于情境的行动要求教师必须在幼儿园教学活动中构建一个支持幼儿学习的环境。注重教学环境的情境构建是学习进行的必要条件。建构主义认为，学习是知识的主动建构。幼儿需要对知识进行主动建构，需要在学习过程中充分发挥主动性。因此，要注重幼儿的主动建构过程，从产生兴趣，到自主体验活动，再到自主探索问题，再与同伴交流、分享经验，最后再回顾所有的活动过程，进行表征学习。

据此，本研究确定了由"导入—感知—探索—表现—回顾"构成的"五段式"集体活动结构：导入环节首先追随儿童的兴趣，创设适宜的活动情境，激发儿童主动参与；之后的感知环节则将活动进展的主动权交给儿童，充分发挥儿童在学习活动中的主体性，全方位调动儿童的感觉和知觉，促使儿童与环境积极互动；在此基础上的探索环节则鼓励儿童的自主操作，激发儿童的主动探究行为，促使儿童通过亲身活动获得直接经验；之后的表现环节则给予儿童自由、自主、自我表现和表达的机会，在获得成就感的同时，与同伴分享探索体验；最后的回顾环节则通过表征学习帮助儿童巩固学习过程。下面将针对每个环节的内涵、发展价值、支持策略逐一进行详细阐述。

（1）导入

导入是一项活动的开端，指教师用富有启发性的方式将儿童引入特定的活动情境中，帮助儿童进入学习状态的过程。

【发展价值】

- 安定儿童情绪，带入活动主题情境。
- 引发儿童兴趣，调动儿童的参与热情。
- 唤醒儿童前期经验，为后续的感知与探索做铺垫。

【支持策略】

- 氛围卷入策略。
- 情境导入策略：巧妙选择活动材料的呈现方式，创设与活动相关的情境，使儿童产生身在其中的感受，引发儿童的注意与兴趣，激发儿童学习动机的产生。
- 谈话导入策略：教师就活动主题与儿童展开谈话，使用便于儿童理解的语言，设计激发儿童兴趣的问题，唤起儿童的前期经验。
- 直观导入策略：借助与活动主题相关的图片、声音、录像、实物等媒介导入，促使学习内容具体化、形象化，链接儿童的前期经验，鼓励旧经验的迁移，为儿童的观察感知创造条件。

● 设疑导入策略：根据儿童的认知阶段设置悬念，通过一个或多个有启发性的问题，引导幼儿联想或预测本次活动的主题，激发儿童的好奇心，充分调动儿童的活动兴趣。

● 游戏导入策略：教师用猜谜语、变魔术、音乐律动等方式或其他趣味游戏导入活动，满足幼儿好玩活泼的特点，调动幼儿对活动的兴趣，然后较快地进入活动主体过程。

（2）感知

感知环节是儿童通过调动感觉和知觉，了解、思考并表达对主题的认知，是儿童经历感受、想象、理解、情感等多种心理因素的过程。

【发展价值】

● 符合儿童具体形象思维的认知发展特点。依据皮亚杰的认知发展阶段理论，幼儿阶段，儿童的思维主要以具体形象思维为主，对事物的认知主要是借助多种感官，通过看、听、摸、拉、摇等动作与外界相互作用，并凭借事物的具体形象或表象形成初步的动作图式。

● 感知体验是儿童进行所有学习的基础，没有对事物足够的感知与直接体验，儿童的学习无从谈起。

● 促使儿童更加积极主动地参与活动。通过感知，儿童接触到周围的人和物，用感官获得对周围环境的直接认识，建立起与周围环境的积极互动关系，从而真正融入正在开展的活动，激发进一步探索的欲望。

【支持策略】

● 活动体验策略：为儿童创设感知事物的时间和空间，使儿童有机会与活动环境和材料进行互动，并鼓励儿童用多种感官主动参与学习，通过看一看、摸一摸、动一动等，在充分感知的过程中引发积极的心理体验，加深对事物的了解。

● 自主选择策略：尊重儿童作为学习者的主体地位，为儿童提供多样化的材料支持，鼓励儿童自主选择，充分发挥各种感知觉的潜在功能，多途径地参与学习，积极获取自主经验体验。

（3）探索

建构主义学习理论认为，学习是个体主动建构自己知识经验的过程，是在操作与探索事物的过程中丰富和改造自己的已有知识经验，最终实现新旧知识相互融合的过程。探索是儿童运用直觉行动思维进行学习的过程，强调多方寻求答案、解决疑问的探究式学习。儿童的探索行为包括两类：一类是娱乐性的，另一类是认知性的。它们都与儿童的兴趣、材料的新颖性等因素有关。儿童在探索的过程中集中注意力于某一任务，积极、灵活地解决问题，并坚持完成，其间反映出一系列主动学习品质。

【发展价值】

● 儿童的思维特征以具体形象思维为主，即离开具体形象的事物就不能进行思维活动。自主操作活动可以让儿童通过亲身活动来建构知识、进行学习。

● 不同的活动任务向儿童提出了不同的要求，在完成任务的活动中，儿童可以不断地克服薄弱环节，使自身能力得到相应的发展。❶

● 独立的探索活动可以使儿童接受那些最适合自己的活动内容，在最近发展区内积累经验，并在探索过程中以自己特有的方式进行消化、吸收，并使之内化为自我经验的一部分，从而促进每个儿童个体的最优发展。

【支持策略】

● 根据儿童已有的知识经验，提供有准备的、丰富多样的材料，以此激发儿童的探索兴趣。儿童发自内心的探索往往起源于对环境中新异刺激的反应。兴趣是一种带有倾向性的心理特征，是一种内驱力，这种内驱力是学习的动力。儿童对活动的注意程度和持续时间的长短主要由兴趣决定。

● 在活动过程中，突出儿童作为学习者的主体地位，凡是儿童能动手操作的尽量让儿童动手操作，以此获取直接经验，形成自主体验过程。

● 为儿童的探索工作提供舒适安全的心理环境，正确对待儿童探索过程中的失误，给予儿童尝试错误和探究正确方法的时间和空间。

---

❶ 王策三.论教师的主导作用和学生的主体地位 [J].北京师范大学学报，1998 (6)：8-9.

（4）表现

表现旨在让儿童对已有经历或已经实现的事情进行回顾和表现，重现活动过程，借此培养儿童概括能力、表达能力、分享能力、合作能力和进一步的计划能力。

【发展价值】

● 儿童的需要是不断变化发展的，一种需要满足了，另一种新的需要又会产生。儿童正是在满足不断发展的需要的过程中获得发展的。一旦儿童体验到成功的乐趣，自然会产生更大、更多成功的欲望，诱发更为主动的参与，更为积极的思维，从而使主动学习成为一种持久、强烈的意识，最终形成稳定的主动学习内在机制。通过表现，儿童获得了自信心、自我成就感，激发并增强了主动学习的内在动机。

● 在感知、探究的基础上，儿童在表现环节展现出最初的创造性，巩固自己的学习过程。

● 每个儿童都有不同的想法和经验，表现环节是儿童与同伴之间交流互动的过程，为儿童呈现不同的信息，分享各自创造的活动成果，通过同伴间的互评，重新思考自己的作品或表现。

● 儿童通过观察同伴的活动激发再次探索的欲望，表现有利于学习的持续进行。

【支持策略】

● 肯定儿童的探索成果与活动体验，强调学习不再以获得固定量的知识、经验为导向，不以成人的标准要求儿童。

● 伙伴学习策略：为儿童创设分享与交流的机会，允许儿童充分表达自己的想法，自由地分享活动体验。

● 成功体验策略：对学习过程进行多元化评价，尊重并善于倾听儿童的想法，认真对待儿童的创意和作品，在与儿童交往的过程中要表现出积极肯定的情感态度，多鼓励赞许。以此为儿童的表现和创作营造出安全的心理环境，使儿童体会到他人对自己的接纳与认可，增强儿童的自信心，促使他们对活动更加感兴趣。

（5）回顾

回顾是指思考过去发生的事件。在儿童充分感知、探索和表现的基础上，回顾环节是儿童反思已有经历、主动检验学习成绩的过程。当儿童脱离实物和材料，对做过的事情进行回顾，就是对脑海中已形成的经验进行意义建构的一种表征学习。

【发展价值】

● 对活动内容、方法和结果的回顾可以帮助儿童自主发现学习的收获，促成积极的自我概念，并逐步形成自己的学习风格，强化主动学习品质。

● 对事物的回顾有助于儿童在脱离真实情境之后进行表征的建构和巩固，帮助儿童将活动中获得的经验进行迁移与拓展，并产生移情性理解，形成问题解决的流程模式，扩展学习经验。

● 经过一段相对紧张的学习状态之后，一些具有恢复功能的活动环节可以使儿童逐步恢复到相对轻松、舒适的低唤醒状态，满足儿童对安全、尊重、归属及自我实现等不同层面的内心需求。

【支持策略】

● 儿童在活动中的经验可能是零散的、不连续的，回顾有助于帮助儿童梳理他们所经历的事情，使儿童在新旧经验之间建构起意义，以此获得连续的经验。

● 通过提问引导儿童回忆自己的活动过程，引导儿童积极自评，总结、提升既有经验，加深对学习内容的印象。

● 通过启发式提问，引导儿童进行发散性思考，帮助儿童迁移与拓展活动中获得的经验，启发儿童继续探究的欲望。

通过对集体活动"五段式"的分解，可以看出，教师的教学过程应由"创设情景""调动感知""支持操作""鼓励表达""效果评价"等环节组成，在与儿童合作的基础上，提供抛锚式教学。可以说，"五段式"的环节设置要求教师不仅要关注儿童的"学"，还要在学习情境中搭建适宜的"教"。作为儿童主动学习活动中的支持者，幼儿教师具有举足轻重的作用。

区域活动"三部曲"

相对于其他教育组织形式，区域活动具有自由选择、自主活动、自由交往、操作学习等特征。[1]以主动学习为根本教育理念的高瞻课程以活动区作为其课程的主要组织形式，并提出：对于拥有自主选择机会、追求探索、期望实验自己感兴趣的事的儿童而言，把教室分成不同的活动区是最好的办法。[2]因此，作为适宜儿童主动参与、主动探索、主动发现、主动完善的活动形式，区域活动成为促进儿童主动学习的最有效的途径，换句话说，主动学习就是区域活动的精髓和主旨。

然而，区域活动除了强调主动学习中的自主操作之外，还应同样重视自主选择；除了强调对物操作的主动性，还应同样重视与人交往的主动性等要素。教育理论家约翰·杜威曾说，教育应该是"目标导向的活动"，儿童应该主动参与指向他们自主学习的活动[3]，这就强调了计划和反思对于学习和发展的重要性。在此基础上，借鉴高瞻课程对区域活动的组织方法，本研究将区域活动结构拆解为由"计划—操作—分享"构成的"三部曲"。

（1）计划选择

在计划环节，儿童选择材料、行动和合作伙伴，表达意愿，做出计划。区域活动本身就意味着选择的可能性，意味着儿童可以根据自己的兴趣和需要来决定自己做什么和怎么做，而兴趣、自由选择与自主决定都是儿童主动学习的基本条件。

【发展价值】

● 促进认知发展：儿童为了做出决定，必须能够在头脑中勾勒一副不存在或还未发生但正是她想要做的那件事情的图像。发展心理学家将儿童用于计划的心理工具称为"执行控制结构"[4]或者"执行能力"[5]。通过"执行控

---

[1] 冯晓霞．幼儿园课程 [M]．北京：北京师范大学出版社，2001：260.

[2] 霍曼，班纳特，韦卡特．活动中的幼儿：幼儿认知发展课程 [M]．郝和平，周欣，译．北京：人民教育出版社，1995：4.

[3] Dewey, J. Experience and education [M]. New York, NY: Macmillan, 1963.

[4] Case, R. Intellectual development: birth to adulthood [M]. Orlando, FL: Academic Press, 1985.

[5] Zelazo, P. D. & Mueller, U. Executive function in typical and atypical development. In U. Goswami (Ed.), Blackwell handbook of child cognitive development [M]. Malden, MA: Blackwell Publishers, 2004.

制结构"，儿童能够形成心理图像或使用已有的知识和技能去计划、试验并评价解决方法。

● 促进社会情感发展：儿童的计划能力与被精神分析学家埃里克森称作"主动性对内疚感"的阶段同时出现。儿童对于他们想要做的事情有很多想法。当能够成功实施这些想法时，他们就发展了主动意识。如果他们不断地失败，或者对于自己的尝试感觉很不好，他们可能就会对自己的主动性产生内疚感。

● 提升儿童的自信心和掌控感：儿童凭借自己的能力做决定、解决问题并将自己的想法变为现实的过程可以有效提升儿童的自我效能感，鼓舞其发自自身内部的自信心，获得对行动的掌控感。

● 引领儿童参与并专注于游戏：一般观点认为，相对于他人要求做的事情，人们更关注于自己选择的事情。研究者卡拉·贝里（Carla Berry）和凯西·西瓦尔（Kathy Sylva）的研究发现，有计划的儿童，比没有计划的儿童，开展了目的更为明确的游戏，并且专注时间更长。[1]区域活动不只是单纯强调儿童随心所欲地进行活动，更不是儿童在活动区的到处转悠、无所事事。计划不同于进行简单的选择，因为计划包含儿童关于想做什么以及他们将怎么做的具体思考。换句话说，计划比选择更具目的性和意向性。正因为如此，区域活动中的主动学习强调的是儿童依据自己的选择采取行动，并根据自己的计划展开活动。

● 支持越来越复杂的游戏的发展：随着儿童的发展，他们的计划会变得更为复杂和详细。儿童和刚开始制订计划的人可能只是简单地指向某一个领域，或是用一两个词语来表达计划。年长一点的儿童和有经验的计划制订者能够制订出更为复杂的计划。

【支持策略】

● 与儿童合作展开区域活动计划。首先，教师应在区域活动前留出大块时间来保证儿童能做出选择和计划。考虑选择在每天的固定时间，在同样的

---

❶ Berry, C. F. & Sylva, K. The plan-do-review cycle in High/Scope: Its effects on children and staff. Unpublished manuscaript. Available from Ypsilanti, MI: High/Scope Educational Research Foundation, Research Division, 1987.

地点，依据制度化的流程安排进行区域活动计划，这样可以使儿童更加关注于计划本身。其次，分小组进行讨论、计划。由一位教师和10个左右的儿童组成固定的小组进行讨论交流。人数的限制能保证每个儿童都拥有机会和时间以足够充分、细致地表达自己的计划。固定的人员组成能保证教师足够深入地了解每个儿童个体，也更有利于儿童与教师之间建立放松且亲密的合作交流关系。

• 鼓励儿童交流他们的想法、选择和决定，无论他们是使用语言还是其他非语言的形式，不必对儿童的表达有高要求，可以问一些简单且开放式的"是什么"的问题。事实上，儿童的想象或形成心理图像的能力并不与运用语言的能力同时发展。随着时间的推移，通过与成人的交谈以及每天参与常规活动，儿童谈论计划的能力会按照以下路线发展：最初，他们只关注这儿和现在（"想要积木"）；然后，他们开始关注现在和非现在，也就是会设计过去和将来（"在工作时间，我将和米兰一起玩"）；之后，他们能够将两个时间点联系起来（"我正在绘画，它现在是湿的，但过一会儿它就会干"）；最后，他们还能将几个时间点协调起来，并能在一定的时间区间内按顺序安排事情（"我要去拿剪刀剪绳子，然后我要将绳子系在鸟笼上"）。通过平等的交流，教师一方面在儿童能力的基础上帮助他们通过手势或语言表达他们的计划，鼓励儿童尽可能地表达自己的计划细节；另一方面掌握儿童关于计划表达能力的现有发展阶段，进而支持并引导儿童向下一个发展阶段过渡。

• 创设有利于师幼合作分享的心理环境：为了鼓励儿童的主动性、探索精神以及独立解决问题的能力，教师需要帮助他们成为有能力且自信的计划者，给予儿童所需的社会情感支持。若儿童表达了他们的想法和意愿，教师则鼓励他们去思考如何实现这些想法。若儿童不情愿表达计划，要敏感地找出原因。若儿童对计划没有反应，则至少为他们提供选择的机会。

• 通过游戏创意激发儿童参与计划环节：利用道具、同伴游戏和新鲜的事物使计划环节不那么机械，维持儿童参与计划的兴趣。例如，击鼓传花或滚球游戏，当指示音停止时，道具落在谁手中就轮到谁来做计划；将儿童姓名编入童谣，通过集体唱童谣，暗示该谁下一个进行计划；同幼儿假装打电话或使用手偶为儿童表达计划时增添趣味性等。

（2）材料操作

计划仅仅是一个开始，儿童的计划仅仅是一个起点。一旦儿童表达出一些意愿，下一步就是在教师的支持和鼓励下，在工作时间实现这些意图。在操作环节，儿童通过动手操作实施自己的想法，并最终实现自己的目标，在计划环节的基础上实现"游戏性"的、"有目的"的主动学习。

许多教育者和心理学家认为，有目的的游戏对儿童的学习十分有价值。约翰·杜威认为，理想的学习是游戏性和严肃性的结果。[1]类似地，迈克尔·埃利斯（Michael Ellis）认为，游戏对人类来说是一种很好的问题解决策略。[2]他说游戏是人类物种过去所采用的方式，也将是人类在不可预测的未来解决问题的方式。

【发展价值】

● **直接促使儿童更为主动地学习**：该操作方案中的区域活动与目前幼儿园普遍存在的区域自由活动最大的不同在于对"有目的的儿童游戏"的强调，在蒙台梭利教育和高瞻课程中也被称为儿童的"工作时间"。显而易见，"工作"更具有目的性，由于儿童之前已经思考和描述了他们的计划，明确了活动的目标，所以在游戏的过程中会充满兴趣且专注，遇到挑战时也倾向于更积极主动地解决问题。可以说，操作环节直接赋予儿童"行动者"的角色，儿童带着兴趣和目的实施自己制订的计划，在动手操作和问题解决的过程中，将想法付诸实践，并最终实现预期目标。整个过程中，都是儿童主动学习的最直接体现。

● **提供更多解决问题的机会**：儿童在操作过程中很有可能会遇到一些没有提前预料到的问题，但是由于参与的是自己所设定的活动，所以他们更乐于迎接挑战，积极主动地解决问题，无论是独自进行问题解决还是借助成人或游戏同伴的协助，在这个学习过程中，他们都会将自己视为一个有能力的问题解决者。

● **促成儿童自主经验的建构**：毫无疑问，儿童在实施计划和解决问题

---

❶ Dewey, J. Experience and education [M]. New York, NY: Macmillan, 1963.
❷ Ellis, M. L. Play and the origin of species. In D. Bergen (Ed.), Play as a medium for learning and development [M]. Portsmouth, NH: Heinemann, 1988.

时，会对与自己互动的人和事产生新的理解，并拓展读写、数学、科学、美术、音乐等方面的知识和技能。

【支持策略】

● 认可儿童的行为和成绩：有时候，儿童仅仅需要教师关注他们在做什么。教师可以给予儿童简单的认可，比如看儿童做了什么，模仿他的行为，或重复他的语言。

● 参与到儿童的游戏中：以合作者的身份参与到儿童的游戏中，这会让儿童知道你认为他们的兴趣和意愿很重要。例如，可以在儿童旁边探索材料，扮演假装游戏中儿童为你分配的一个角色，加入由儿童自创或指挥的规则游戏中。但切忌代替他们成为活动的主导者。

● 进行平行游戏：平行游戏意味着在儿童身边，用与儿童相同的材料或相似的方式进行游戏。若教师在合作游戏中扮演的是"跟随者"，那么在平行游戏中教师可以承担更多"引导者"的责任，在儿童原有的活动主题范围内，通过操作自己的活动材料，为儿童延伸游戏提供一些可参考的建议。

● 基于儿童需要的交谈：教师需要从儿童那里得到提示，并且需要敏锐地感知什么时候进行谈话比较受欢迎，要在不妨碍儿童活动的情况下帮助儿童发展他们的思维和言语能力，方法包括：寻找自然的机会进行交谈；更多给予儿童发起对话的机会；确保谈话内容与儿童的发展阶段相适合；鼓励与儿童进行"你一言我一语"的平等对话。

● 尊重儿童自主解决问题的意愿：解决问题是儿童在操作环节获得主动学习经验的最重要的行为之一。教师应尊重儿童自主解决问题的意愿，在儿童身边耐心地等待，让儿童有机会慢慢思考，并不断尝试。在儿童需要协助的时候，先引导儿童向同伴学习或求助，切忌成为儿童活动过程的"管理者"和问题"除障者"。

（3）分享交流

分享交流时间是儿童理解他们有目的的游戏的时间。在此环节，儿童回顾他们刚才做了什么以及学到了什么，反思经验，分享表达。与计划时间相似，"回顾"与简单的"回忆"是不同的。在分享交流时间，儿童不仅要花时间去想自己做了什么，还要思考自己学到了什么。

【发展价值】

- 训练儿童形成并讨论心理图像的能力。回顾鼓励儿童对以往的事件形成心理图像并把自己的观点表达出来。进一步说，记忆本身包含几个不同的思考过程。心理学家对每种类型的记忆进行了不同的命名：对事实的回顾（你做了什么？）是语义记忆；对过程的回顾（你如何做的？）是程序性记忆；对事件的回忆（你首先做了什么？）是情节记忆；对路径或路线的回忆（你怎么到达那里？）是空间记忆。每种类型的记忆都与大脑不同的结构相关。当儿童和他们谈论起他们的行动时，他们也就进入了故事讲述的过程。"创编故事，就是为我们今后创建了记忆结构。谈论就会记忆。"❶因此，儿童回顾活动时建立的记忆能够为他们对世界的不断增长的理解带来永久性的改变。

- 巩固儿童对于经验和事件的理解。分享交流帮助儿童检验自己的选择和行为以及这些选择和行为对于物和人的影响，为儿童反思自身行为并吸取与环境中的材料和人互动的经验教训提供了机会。这个过程类似于成人讲述他们自身的某件事情。叙述者选择事件的某些部分来组织这个故事，选择词语来表达他对当时发生的事的反应，并巧妙地运用语言表示他从中获得的经验。在这个过程中，儿童也是通过记忆来建构他们的经验，并依据他们目前的思考方式对此进行解释。

- 帮助儿童把记忆学到的经验应用于日后的行为和互动。学龄前儿童生活在当下，通过帮助他们思考过去的事件以及他们是怎样受到这些事件的影响，能够帮助他们积累经验，并将这些经验运用到新的体验和学科问题中。回顾交流为儿童提供了一个讲述自己参与区域活动过程、展示自己活动成果的机会。活动以儿童为主体，在共同交流中回顾、筛选、重组、讲述自己的区域活动经验，在讲述中他们的经验得以重新整合并提升，并扩展了儿童对于"现在"以外的概念的意识。

- 回顾交流是社会性互动体验的一种形式。在这个环节，儿童是叙述者，讲述他们在工作时间发生的"故事"。当儿童逐渐成熟，他们就更能

---

❶ Schank R. C. Tell me a story: a new look at real and artificial memory [M]. New York, NY: Scribners, 1990: 115.

够接受其他儿童对自己回忆的补充，也能够对他人讲述的故事加以充实。这种回顾成为一种分享，并能帮助儿童在他们的小集体中发展信任感。同时，在互动过程中，他们也可以学会评价他人、评价自己，并发展口语表达能力。

● 激发儿童之后的活动兴趣：回顾交流是再现儿童活动过程及结果的一种多形式、多元化的学习方式，可以使得每次区域活动时只在一个区域内活动的儿童了解到更多其他区域的活动信息。教师与儿童利用实物、照片、录像等能反映活动过程的媒介展开讲述，通过再现活动过程或活动场景促使儿童获得真实的感受，多感官地参与分享。这种直观化的交流使交流活动更加情境化，更符合儿童的记忆与思维发展特点。回顾同伴的影响力更容易激起儿童对他们所进行的活动的讨论，并进一步激发他们参与更多活动，促进区域活动的转换。

【支持策略】

● 掌握适宜的时机：对于学龄前儿童来说，最容易记得的时间便是当回忆的时间与发生事件的时间离得尽可能近的时候。儿童通常会回忆起他们最近做的事，因为这在他们头脑中的印象最为清晰。当儿童能够在头脑中更长久、更细致地记住形象和观点时，他们更容易回忆起自己在工作时间的活动顺序，甚至还可能回忆起最初的计划。所以，回顾交流时间必须紧跟在操作活动和清理时间之后。

● 鼓励儿童大胆讲述体验、感受。类似于计划时间所用的方法，在回顾交流时也要对儿童有耐心，且要对他们特别留心，让他们自然地表述自己的想法。如果儿童能够用自己的语言、手势和图画来讲述自己的故事，回顾交流就是成功的。切忌将回顾交流作为检验儿童是否完成计划的僵硬环节。随着能力的发展和经验的积累，儿童对活动过程的回顾会日趋熟练。

● 创设有利于儿童表达的心理环境：就像与儿童一起进行计划一样，与同组的成员在同一场所进行回顾交流能够激发舒适和信任的气氛。同时，周围环境中分散注意的因素越少，儿童就越能够关注于回顾交流本身。

● 借助实物支持：不精确性是儿童的记忆特点之一，并且他们的思维特点又具有直观形象性，因此回顾交流时，教师可提示儿童借助操作材料进行讲述，运用操作活动制成的实物进行展示，或对儿童操作材料过程中抓拍到的照片进行描述。另外，道具和游戏还能维持回顾交流环节的趣味性，维持儿童参与回顾交流环节的兴趣。

参考文献

一、中文部分

（一）著作报告类

1. 怀特海 . 思维的方式 [M]. 刘放桐，译 . 北京：商务印书馆，2004.

2. 怀特海 . 教育的目的 [M]. 徐汝舟，译 . 北京：生活·读书·新知三联书店，2022.

3. 列昂捷夫 . 活动　意识　个性 [M]. 李沂，冀刚，徐世京，等译 . 上海：上海译文出版社，1980.

4. 埃里克森 . 同一性：青少年与危机 [M]. 孙名之，译 . 杭州：浙江教育出版社，1998.

5. 爱泼斯坦 . 高宽课程的理论与实践：学前教育中的主动学习精要：认识高宽课程模式 [M]. 霍力岩，等译 . 北京：教育科学出版社，2012.

6. 达克沃斯 . 精彩观念的诞生：达克沃斯教学论文集 [M]. 张华，等译 . 北京：高等教育出版社，2005.

7. 陈波，等 . 社会科学方法论 [M]. 北京：中国人民大学出版社，1989.

8. 陈琦，刘儒德 . 当代教育心理学 [M]. 北京：北京师范大学出版社，2019.

9. 陈向明 . 质性研究的新发展及其对社会科学研究的意义 [J]. 教育研究与实验，2008（2）.

10. 陈瑶 . 课堂观察指导 [M]. 北京：教育科学出版社，2002.

11. 褚宏启 . 杜威教育思想引论 [M]. 北京：教育科学出版社，2022.

12. 奥苏伯尔，等 . 教育心理学：认知观点 [M]. 余星南，宋钧，译 . 北京：人民教育出版社，1994.

13. 柯蒂斯，卡特 . 和儿童一起学习：促进反思性教学的课程框架 [M]. 周欣，等译 . 北京：教育科学出版社，2011.

14. 董奇 . 心理与教育研究方法 [M]. 2 版 . 北京：北京师范大学出版社，2019.

15. 杜威 . 杜威教育论著选 [M] . 赵祥麟，王承绪，编译 . 上海：华东师范大
   学出版社，1981.

16. 道治，柯克，海洛曼 . 幼儿园创造性课程（上）[M]. 吕素美，译 . 南京：
   南京师范大学出版社，2006.

17.《国家科学教育标准》科学探究附属读物编委会 . 科学探究与国家科学
   教育标准：教与学的指南 [M]. 罗星凯，等译 . 北京：科学普及出版社，
   2004.

18. 麦克诺顿，罗尔夫，西拉吉－布拉奇福德，等 . 早期教育研究方法：国
   际视野下的理论与实践 [M]. 李敏谊，滕珺，译 . 北京：教育科学出版社，
   2008.

19. 冯建军 . 教育的人学视野 [M]. 合肥：安徽教育出版社，2008.

20. 冯晓霞 . 幼儿园课程 [M]. 北京：北京师范大学出版社，2001.

21. 韩进之 . 教育心理学纲要 [M]. 北京：人民教育出版社，1989.

22. 怀特海 . 过程与实在 [M]. 李步楼，译 . 北京：商务印书馆，2012.

23. 黄清 . 质的课程研究：原理、方法与应用 [M]. 广州：广东高等教育出版
   社，2006.

24. 霍力岩 . 学前教育评价 [M]. 北京：北京师范大学出版社，2000.

25. 霍力岩，姜珊珊，李敏谊，等 . 学前教育研究方法 [M]. 北京：高等教育
   出版社，2011.

26. 霍力岩，孙冬梅 . 幼儿园课程开发与教师专业发展：比较研究的视角 [M].
   北京：教育科学出版社，2006.

27. 格斯特维奇 . 发展适宜性实践：早期教育课程与发展 [M]. 霍力岩，等译 .
   北京：教育科学出版社，2011.

28. 李洪玉，何一粟 . 学习动力 [M]. 武汉：湖北教育出版社，2011.

29. 李季湄，冯晓霞 .《3—6 岁儿童学习与发展指南》解读 [M]. 北京：人民教
   育出版社，2013.

30. 李季湄 . 回到基本元素去：走进新《纲要》[M]. 北京：北京师范大学出版
   社，2007.

31. 刘焱．儿童游戏通论 [M].北京：北京师范大学出版社，2004.

32. 刘占兰．提高幼儿园教育质量的有效策略 [M].北京：北京师范大学出版社，2013.

33. 梅斯勒．过程－关系哲学：浅释怀特海 [M].周邦宪，译.贵阳：贵州人民出版社，2009.

34. 罗虹．幼儿创造性发展的教师支持性策略 [M].北京：北京师范大学出版社，2013.

35. 庞丽娟．教师与儿童发展 [M].北京：北京师范大学出版社，2003.

36. 彭兵．成就专业的幼儿教师：幼儿教师专业发展阶段研究 [M].北京：北京师范大学出版社，2012.

37. 彭凯平．心理测验：原理与实践 [M].北京：华夏出版社，1989.

38. 霍曼，班纳特，韦卡特．活动中的幼儿：幼儿认知发展课程 [M].郝和平，周欣，译.北京：人民教育出版社，1995.

39. 格雷夫斯．理想的教学点子1[M].林翠湄，译.南京：南京师范大学出版社，2006.

40. 格雷夫斯．理想的教学点子2[M].林翠湄，译.南京：南京师范大学出版社，2006.

41. 蒙台梭利．蒙台梭利教育法 [M].霍力岩，李敏谊，胡文娟，等译.北京：中国人民大学出版社，2008.

42. 蒙台梭利．教育中的自发活动 [M].江雪，译.天津：天津人民出版社，2003.

43. 皮连生．学与教的心理学（第四版）[M].上海：华东师范大学出版社，2006.

44. 皮亚杰．教育科学与儿童心理学 [M].杜一雄，钱心婷，译.北京：教育科学出版社，2018.

45. 皮亚杰．皮亚杰教育论著选 [M].卢濬，选译.北京：人民教育出版社，2015.

46. 戈芬，威尔逊．课程模式与早期教育 [M].李敏谊，译.北京：教育科学出版社，2008.

47. 王道俊，王汉澜．教育学 [M].北京：人民教育出版社，1999.

48. 王微丽．幼儿园区域活动：环境创设与活动设计方法 [M].北京：中国轻工业出版社，2014.

49. 维果茨基 . 维果茨基教育论著选 [M]. 余震球，选译 . 北京：人民教育出版社，2005.

50. 吴钢 . 现代教育评价基础 [M]. 上海：学林出版社，1996.

51. 吴和贵 . 支架式教学：有效教学的生长点 [M]. 广州：中山大学出版社，2013.

52. 滕大春 . 外国教育通史（第 5 卷）[M]. 济南：山东教育出版社，2005.

53. 翔高教育学统考命题研究中心暨培训中心 . 教育学专业基础综合复习指南 2012 版 [M]. 北京：中国石化出版社，2012.

54. 闫传学，于忠惠 . 幼儿习惯养成教师指导手册 [M]. 北京：北京师范大学出版社，2010.

55. 杨汉麟，周采 . 外国幼儿教育史 [M]. 桂林：广西教育出版社，1993.

56. 张春兴 . 现代心理学（第 3 版）[M]. 上海：上海人民出版社，2014.

57. 张焕庭 . 西方资产阶级教育论著选 [M]. 北京：人民教育出版社，1979.

58. 张奇 . 学习理论 [M]. 武汉：湖北教育出版社，1999.

59. 张香兰 . 现代教育思维的转向：从实体到过程 [M]. 济南：山东人民出版社，2008.

60. 钟启泉 . 现代教学论发展 [M]. 北京：教育科学出版社，1988.

61. 周宏，高长梅，邢莉娅 . 学校教育科研热点研究全书 [M]. 北京：经济日报出版社，1999.

62. 周淑卿 . 课程发展与教师专业 [M]. 北京：九州出版社，2006.

63. 朱家雄，张婕，邵乃济，等 . 纪录，让儿童的学习看得见 [M]. 福州：福建人民出版社，2008.

64. 教育部基础教育司 .《幼儿园教育指导纲要（试行）》解读 [M]. 南京：江苏凤凰教育出版社，2017.

（二）期刊杂志类

1. 陈平，朱敏 . 小学生学习主动性培养的实验研究 [J]. 教育研究，1995（11）.

2. 丁雪茵，郑伯熏，任金刚 . 质的研究中研究者的角色与主观性 [J]. 本土心理学研究，1996（6）.

3. 董彪. 价值论研究与唯物史观的重建 [J]. 清华大学学报（哲学社会科学版），2013，28（4）.

4. 房德康. 浅谈激励大学生的学习主动性 [J]. 江苏理工大学学报，1995（3）.

5. 高文. 维果茨基心理发展理论与社会建构主义 [J]. 外国教育资料，1999（4）：11.

6. 胡蕾，张世宇. 维果茨基"最近发展区"理论的应用和启示 [J]. 法制与社会，2007（4）.

7. 霍力岩. 幼儿主体性在幼儿园教育活动中的几个表现 [J]. 早期教育，2000（17）：8-9.

8. 焦建利. 基于设计的研究：教育技术学研究的新取向 [J]. 现代教育技术，2008（5）：5-11.

9. 李光华. 论建构主义理论指导下的文化教育：兼谈支架式教学模式 [J]. 山东理工大学学报（社会科学版），2005（4）.

10. 李思娴，郭嘉. 学前儿童在园主动性行为发展的特点 [J]. 学前教育研究，2014（3）.

11. 林波. 幼儿园集体教学中教师回应行为的现状与改进 [J]. 学前教育研究，2012（9）.

12. 刘密，龙立荣，祖伟. 主动性人格的研究现状与展望 [J]. 心理科学进展，2007（2）.

13. 刘延梅. 主动学习研究综述及对幼儿主动学习的分析 [J]. 山东教育科研，2000（Z2）.

14. 刘占兰. 让幼儿主动学习科学的指导策略 [J]. 幼儿教育，2000（3）.

15. 刘占兰. 幼儿园教师的专业能力 [J]. 学前教育研究，2012（11）.

16. 龙红芝，左莉，姜曼. 利用黄昏时段，提高幼儿交往主动性的行动研究 [J]. 河西学院学报，2006（3）.

17. 屈林岩. 学习理论的发展与学习创新 [J]. 高等教育研究，2008（1）.

18. 邵静. "引导学生主动学习"的教学策略在初中数学课堂教学中的准实验研究 [J]. 内蒙古民族大学学报，2005，11（3）.

19. 沈红 . "支架"式教学理论与外语写作教学策略 [J]. 黄河水利职业技术学院学报，2008（1）.

20. 孙汝君 . 试论学生的主体性及其特征 [J]. 广州教育，1993（7）.

21. 田爱奎 . 基于数字化游戏的自主学习探讨 [J]. 中国电化教育，2007（11）.

22. 田慧生 . 关于活动教学几个理论问题的认识 [J]. 教育研究，1998（4）.

23. 王策三 . 论教师的主导作用和学生的主体地位 [J]. 北京师范大学学报，1998（6）: 8-9.

24. 王海珊 . 教与学的有效互动：简析支架式教学 [J]. 福建师范大学学报（哲学社会科学版），2005（1）.

25. 王嘉毅，陆春萍 . 教育行动研究的效度问题 [J]. 教育理论与实践，2001（3）.

26. 王丽华，陆虹 . 教师即儿童研究者 [J]. 全球教育展望，2009，38（6）.

27. 王丽华 . "教师的儿童研究"的图景：读卢梭的《爱弥儿》[J]. 浙江社会科学，2014（4）.

28. 王丽华 . "教师的儿童研究"本质初探 [J]. 教师发展研究，2014，33（4）.

29. 王丽华 . 我国教师教育课程理念的嬗变：从"无儿童"到"儿童为本"[J]. 全球教育展望，2008（2）: 55-59.

30. 王丽华 . 我国教师研究儿童的现实课题 [J]. 福建教育，2013（Z7）.

31. 王璐 . 支架式对话课课堂教学结构探讨 [J]. 广西民族学院学报（哲学社会科学版），2002（S1）.

32. 熊川武 . 论反思性教育实践 [J]. 教师教育研究，2007（3）.

33. 徐美娜 . "最近发展区"理论及对教育的影响与启示 [J]. 教育与教学研究，2010，24（5）.

34. 姚晓明 . "小学生主动学习的指导策略研究"实验报告 [J]. 教育研究，2001（1）.

35. 叶澜 . 更新教育观念，创建面向 21 世纪的新基础教育 [J]. 中国教育学刊，1998（2）.

36. 叶兴福 . 关于小学生主动学习的研究与实践 [J]. 中国科技信息，2005（24）.

37. 袁香 . 认知结构与支架式教学 [J]. 辽宁教育行政学院学报，2004（3）.

38. 张华 . 教学即描述：卡利尼教学思想管窥 [J]. 全球教育展望，2008（05）.

39. 张克杰 . 激励教育的理论认识和实际操作 [J]. 教育研究，1994（6）.

40. 张寿 . 对主动性学习理论的思考 [J]. 延边大学学报（社会科学版），2003（3）.

41. 张玉英 . 注重幼儿学习主动性和创造性的培养 [J]. 教育导刊（幼儿教育版），1998（3）.

42. 张元 . 试析幼儿教师专业化的特征及其实现途径 [J]. 学前教育研究，2003（1）.

43. 赵南 . 幼儿教师应如何理解和实施支架教学 [J]. 学前教育研究，2003（12）.

44. 郑金洲 . 行动研究：一种日益受到关注的研究方法 [J]. 上海高教研究，1997（1）：27-31.

45. 周加仙 . 教育神经科学：创建心理、脑与教育之间的永久连接：哈佛大学 Kurt W. Fischer 教授访谈 [J]. 全球教育展望，2011，40（1）：11-16.

46. 朱琳琳 . 关于支架式教学基本问题的探讨 [J]. 教育导刊（幼儿教育版），2004（10）.

（三）硕博论文类

1. 鲍艳辉 . 促进幼儿主体性发展的教师支持性教学策略的研究 [D]. 呼和浩特：内蒙古师范大学，2008.

2. 毕华丽 . 中班幼儿自主性培养的教育实验研究 [D]. 广州：华南师范大学，2012.

3. 陈平 . 论教育活动中学生学习主动性的结构及培养 [D]. 北京：北京师范大学，1995.

4. 陈燕楠 . 小学生创造潜能的开发与创造精神的培养 [D]. 北京：北京师范大学，1987.

5. 丛立新 . 教学活动中非智力因素的作用和培养 [D]. 北京：北京师范大学，1985.

6. 费广洪 . 大班（5、6 岁）幼儿合作培养途径初探 [D]. 北京：北京师范大学，1990.

7. 郭俊彬 . 幼儿社会技能的发展、评价与培养 [D]. 北京：北京师范大学，2007.

8. 郝若平 . 家校合作：亲师互动对学生学习品质与心理健康的影响 [D]. 北京：北京师范大学，2007.

9. 胡君芬 . 高中物理主动学习教学策略研究 [D]. 杭州：浙江师范大学，2009.

10. 黄英 . 幼儿习惯养成及其家园共育方案的初步研究 [D]. 北京：北京师范大学，2005.

11. 刘润华 . 论学生主动学习的现状及其对策：兼谈中学物理教学改革 [D]. 南昌：江西师范大学，2003.

12. 刘云艳 . 幼儿好奇心发展与教育促进研究 [D]. 重庆：西南师范大学，2004.

13. 马凤岐 . 论教育中学生主体性的培养 [D]. 北京：北京师范大学，1995.

14. 沈婕 . 幼儿活动风格初探 [D]. 北京：北京师范大学，2005.

15. 唐莹 . 跨越教育理论与实践的鸿沟：关于教师及其行动理论的思考 [D]. 上海：华东师范大学，1995.

16. 王芳 . 教学中学生创造人格及其培养的研究 [D]. 北京：北京师范大学，1999.

17. 王玉杰 . 课间生活的道德实践研究：以某初二班为个案 [D]. 北京：北京师范大学，2008.

18. 肖瑜 . 创造性教学及教师创造性教学能力的培养 [D]. 北京：北京师范大学，2000.

19. 余珍有 . 幼儿参与交往程度与师幼交往行动关系的研究 [D]. 北京：北京师范大学，2006.

20. 张瑾 . 美国发展适宜性实践理论研究 [D]. 北京：中央民族大学，2011.

21. 张萍 . 儿童从 2 岁到 11 岁自我控制和主动性的发展变化及社会适应 [D]. 北京：北京师范大学，2009.

（四）网站资源类

1. 中华人民共和国教育部网站 . 3—6 岁儿童学习与发展指南 [EB/OL].
   http://www.moe.gov.cn/publicfiles/business/htmlfiles/moe/s3327/201210/
   xxgk_143254.html.

2. 中华人民共和国教育部网站 . 幼儿园教师专业标准（试行）[EB/
   OL].http://www.moe.gov.cn/publicfiles/business/htmlfiles/moe/
   s6127/201112/127838.html.

3. 中华人民共和国教育部网站 . 幼儿园工作规程 [EB/OL].http://www.moe.
   gov.cn/publicfiles/business/htmlfiles/moe/s3327/201001/xxgk_81893.html.

4. 中华人民共和国中央人民政府网站 . 国家中长期人才发展规划纲要
   （2010　—2020 年　）[EB/OL]. http://www.gov.cn/jrzg/2010−06/06/content_
   1621777.htm.

5. 中华人民共和国中央人民政府网站 . 幼儿园教育指导纲要（试行）[EB/
   OL].http://www.gov.cn/gongbao/content/2002/content_61459.htm2001.

二、英文部分

（一）著作报告类

1. Allport, G. W. Attitudes. In: C Murchison ed.Handbook of social psychology
   [M]. Worcester. MA: Clark University Press, 1935.

2. Bell, P., & Davis, E. A.. Designing an activity in the Knowledge Integration
   Environment. Paper presented at the Annual Meeting of the American
   Educational Research Association: New York. Bell, P., & Davis, E. A., 2000.

3. Berry, C. F., & Sylva, K. The plan−do−review cycle in High/Scope: Its effects
   on children and staff. Unpublished manuscript. Available from Ypsilanti, MI:
   High/Scope Educational Research Foundation, Research Division, 1987.

4. Bourtchouladze, R. Memories are made of this: How memory works in humans
   and animals. New York, NY: Columbia University Press, 2002.

5. Bronfenbrenner, U. Ecological systems theory.In Vasta, R. (Ed), Annals of

child development [M]. Greenwich, CT: JAI Press, 1989, 6.

6. Case, R. Intellectual development: Birth to Adulthood [M]. Orlando, FL:
    Academic Press, 1985.

7. Clements, D. H., & Sarama, J, (Eds). Engaging young children in mathematics:
    Standards for early childhood mathematics education [M]. Mahwah, NJ:
    Lawrence Erlbaum Associates, 2004.

8. Copple, C., & Bredekamp, S. Developmentally appropriate practice in early
    childhood programs serving children from birth through age 8[M]. Washington,
    DC: National Association for the Education of Young Children, 2009.

9. Davis, E.A. Meta-cognitive scaffolding to foster scientific explanations, paper
    presented at AERA 1996(ERIC Document No.ED394853).

10. Dewey, J. Experience and education [M]. New York, NY: Macmillan, 1963.

11. Doyle, W. Classroom organization and management, In: Wittrock, M.C. (Ed.),
    Handbook of research on teaching (3rd edn) [M]. New York, NY: Macmillan, 1986.

12. Elliot, J. Action research for educational change [M]. Buckingham, UK:
    McGraw-Hill Education, 1991.

13. Ellis, M. J. Play and the origin of species. In Bergen, D. (Ed.), Play as a
    medium for learning and development [M]. Portsmouth, NH: Heinemann,
    1988.

14. Fosnot, C. T. Constructivism: Theory, perspectives, and practice [M]. New
    York, NY: Teachers College Press, 2013.

15. Gardner, H. Frames of mind: The theory of multiple intelligences [M]. New
    York, NY: Basic Books, 1983.

16. Gelman, R., & Baillargeon, R. A review of some Piagetian concepts. In Mussen,
    Paul Henry. Handbook of Child Psychology: Cognitive development[M]. New
    York, NY: Wiley, 1983 .

17. Gelman, R., & Gallistel, C. R. The child's understanding of number [M].
    Cambridge, MA: Harvard University Press, 1978, 1986.

18. Goswami, U. (Ed.). Blackwell handbook of childhood cognitive development

[M]. Hoboken, NJ: John Wiley & Sons, 2008.

19. High/Scope Educational Research Foundation. Manual: High/Scope Child Observation Record for ages 2.5–6 [M]. Ypsilanti, MI: High/Scope Press, 1992.

20. Hohmann, M., &Weikart, D.P. Educating young children: Active learning practice for preschool and child care programs [M]. Ypsilanti, MI: High/Scope Press, 1995.

21. Jablon, J. R., Dombro, A. L., & Dichtelmiller, M. L.The power of observation [M]. Washington, D.C.: Teaching Strategies, Inc. 1999.

22. Kagan, M., & Kagan, S. The five major memory systems Smart Card [M]. San Clemente, CA：Kagan Publishing, 2003.

23. Kemmis, S. J.. Action research. In J. P. Keeves (Ed.), Educational research methodology and measurement: An international handbook[M]. Oxford, UK: Pergamon Kolb, D. A., 1984.

24. Kemmis, S., McTaggart, R., & Nixon, R. The Action Research Planner: Doing Critical Participatory Action Research [M]. Singapore: Springer Singapore, 2014.

25. Malle, F. B., Moses, L. J., & Baldwin, D. A. Intention and Intentionality [M]. Cambridge: Massachusetts institute of technology, 2001.

26. Hohmann, M., & Weikart, D. P. Educating Young Children：Active Learning Practice for Preschool and Child Care Programs [M]. Ypsilanti, MI: High Scope Press, 2002.

27. McKernan, J. Curriculum action research: A handbook of methods and resources for the reflective practitioner [M]. New York, NY: Routledge, 2013.

28. Mills, G. E. Action research [M]. Upper Saddle River, NJ: Prentice Hall, 2003.

29. NAEYC. Standards for Initial and Advanced Early Childhood Professional Preparation Programs. 2010.32. https://www.naeyc.org/sites/default/files/ globally-shared/downloads/PDFs/our-work/higher-ed/NAEYC-Initial- Professional-Preparation-Standards-Summary.pdf

30. NBPTS. Early Childhood Generalist Standards for Teachers of Students Ages 3–8, Third Edition. 2012.70. https://www.nbpts.org/wp-content/

uploads/2017/07/EC-GEN.pdf

31. Piaget, J., & Inhelder, B. The psychology of the child [M]. New York, NY: Basic Books, 1969.

32. Pine, G. J. Teacher Action Research: Building Knowledge Democracies [M]. Los Angeles, CA: SAGE Publication, Inc, 2008.

33. Puekett, M.B., & Black, J.K. Authentic Assessment of the Young Children, Celebrating Development and Learning [M]. Upper Saddle River, NJ, Columbus, OH: Merrill, Prentice Hall, 2000.

34. Sawye, R. K. The Cambridge Handbook of the Learning Sciences [M]. London, UK: Cambridge University press, 2006.

35. Roehler, L. R., & Cantlon, D.J. Scaffolding: a powerful tool in social constructivist classroom, In: Hogan, K. & Pressley, M. (Eds), Scaffolding student learning: Instructional approaches & issues [M]. Cambridge, MA: Brookline Books, 1997.

36. Rogoff, B. Apprenticeship in thinking: cognitive development in social context [M]. New York, NY: Oxford University Press, 1990.

37. Schank R. C. Tell me a story: A new look at real and artificial memory [M]. New York, NY: Scribners, 1990.

38. Shore, R. Rethinking the brain: New insights into early development [M]. New York, NY: Families and Work Institute, 1997.

39. Smith, L. Piaget's model. In: U. Goswami (ed). Blackwell handbook of childhood cognitive development [M]. Oxford, UK: Blackwell, 2002.

40. Stone, C. A. What is missing in the metaphor of scaffolding? In Forman, E. A., Minick, N.M., & Stone, C. A. (Eds.), Contexts for learning. Sociocultural dynamics in children's development [M]. New York, NY: Oxford University Press, 1993.

41. Tharp, R., & Gallimore, R. Rousing Minds to Life [M]. Cambridge, UK: Cambridge University Press, 1988.

42. Upmeyer, A., & Six, B., et al. Attitudes and Behavioral Decisions [M]. New York, NY: Springer-Verlag New York Inc, 1989.

43. Richardson, V. Constructivist Teaching and Teacher Education [M]. London, UK: Falmer Press, 1997.

44. Vygotsky, L. S. Mind in Society: The Development of Higher Psychological Progresses [M]. Cambridge, MA: Harvard University Press, 1978.

45. Bentzen,W. R. Seeing Young children: A Guide to Observing and Recording Behavior [M]. 5th. New York, NY: Thomson Delmar Learning, 2005.

46. Zelazo, P. D., & Mueller, U. Executive function in typical and atypical development. In Goswami,U. (Ed.), Blackwell handbook of child cognitive development [M]. Malden, MA: Blackwell Publishers, 2004.

（二）期刊杂志类

1. Elliot, J., & Thrash, T. M. Approach–avoidance motivation in personality: Approach and avoidance temperaments and goals [J]. Journal of Personality and Social Psychology, 2002, (82):804–818.

2. Bateman, T. S., & Crant, J. M. The proactive component of organizational behavior: A measure and correlates [J]. Journal of Organizational Behavior, 1993, 14(2): 103–118.

3. Brown, A. L. Design experiments: Theoretical and methodological challenges in creating complex interventions [J]. Journal of the Learning Sciences, 1992,2(2):141–178.

4. Cattell, R. B. The description of personality principles and findings in a factor analysis [J]. American Journal of Psychology, 1945, (58): 69–90.

5. Chamberlin, M.T. Teachers' Discussions of Students' Thinking: Meeting the Challenge of Attending to Students' Thinking [J]. Journal of Mathematics Teacher, Education, 2005 (8):141–170.

6. Collins, A., Joseph, D., & Bielaczyc, K. Design research: Theoretical and methodological issues [J]. Journal of the Learning Sciences, 2004,13(1):15–42.

7. Cran, J. M., & Bateman, T. S. Charismatic leadership viewed from above: The impact of proactive personality [J]. Journal of Organizational Behavior, 2000 (21): 63–75.

8. Crant, J. M. Proactive behavior in organizations [J]. Journal of Management, 2000, 26(3): 435–462.

9. Coll, C. G., Kagan, J., & Reznick, J. S. Behavioral inhibition in young children [J]. Child Development, 1984, 55(3):1005–1019.

10. Jonassen, H., & Rohrer-Murphy, L.. Activity Theory as a Framework for Designing Constructivist Learning Environments [J]. Educational Technology Research and Development 47, no. 1 (1999). 61–79.

11. Degan, K. A., Hane, A.A., Henderson H. A., Moas, O. L., Reeb-Sutherland B. C., &Fox N. A. Longitudinal stability of temperamental exuberance and social-emotional outcomes in early childhood [J]. Developmental Psychology, 2011,47(3): 765–780.

12. Ebbutt, D. Educational action research: Some general concerns and specific quibbles [J]. educational research: Qualitative methods, 1985: 152–174.

13. Deci, E. L., Vallerand, R. J., Pelletier, L. G. et al. Motivation and education: the self-determination perspective [J]. Educational Psychologist, 1991, 26(3–4): 325–346.

14. Gelman, R., & Brenneman, K. Science learning pathways for young children [J]. Early Childhood Research Quarterly, 2004,19(1):150–158.

15. Bronson, G. Aversive reactions to strangers: a dual process interpretation [J]. Child Development, 1978, 49(2):495–499.

16. Hughes.Freeing the creative spirit [J]. High School Journal, 1926, 9(2/3):27–29.

17. Kagan, J., Reznick, J. S., & Clarke, C. et al. Behavioral Inhibition to the unfamiliar [J]. Child Development, 1984, 55(6):2212–2225.

18. Kohlberg. L. & Mayer, R. Development as the Aim of Education [J]. Harvard Educational Review, 1972 (42):449–496.

19. Lewin, K. Action research and minority problems [J]. Jounal of Social Issues, 1946, 2(4):34–46.

20. Lewin, K. Group decision and social change [J]. Readings in social psychology, 1947 (3):197–211.

21. Link, H.C. A test of four personality traits of adolescents [J]. Journal of Applied

Psychology, 1936, 20(5): 527–534.

22. Schultz, N. W., Carson, D. K., & Herold, M. M. Social initiative and temperament in the second year [J]. Child Psychiatry and Human Development, 1986, 17(2): 88–67.

23. Newcombe, N. S. The nativist–empiricist controversy in the context of recent research on spatial and quantitative development [J]. Psychological Science, 2002,13(5):395–401.

24. Ryan, R. M., & Deci, E.L. Intrinsic and extrinsic motivations: classic definitions and new directions [J]. Contemporary Educational Psychology, 2000, 25(1):54–57.

25. Scott–Little, C., Kagan, S. L., Frelow V. S. Conceptualization of readiness and the content of early learning standards: The intersection of policy and research?[J]. Early Childhood Research Quarterly, 2006 (21):153–173.

26. Thompson, R. A., & Nelson, C. A. Developmental science and the media: Early brain development [J]. American Psychologist, 2001,56(1):5.

27. Van, d. P., Volman, M., & Beishuizen, J. Scaffolding in teacher–student interaction: A decade of research [J]. Educational Psychology Review, 2010, 22(3):271–296.

28. Wang, F. & Hannafin M.J. Design–based research and technology enhanced learning environments [J]. Educational Technology Research and Development, 2005,53(4):523.

29. Wood, D., Bruner, J., & Ross, G. The role of tutoring and problem solving [J]. Journal of Child Psychology and Psychiatry, 1976 (17):89–100.

（三）硕博论文类

1. Bundy, M. P. Approaches to Learning in Kindergarten: Associations with child and family background variables [D]. University of North Carolina, 2006.

2. Chiu, S. Exploring kindergartners' social and cognitive competence: An application of ECLS–K [D]. University of Maryland, 2001.

3. Malone, L. M. The world as our classroom: Early extracurricular activity

participation and elementary school academic growth [D]. Columbia University, 2008.

4. McGinnis, A. M. Student behaviors as predictors of later academic achievement: School entry through fifth grade [D]. The Pennsylvania State University, 2009.

5. Munis, P. An investigation of the roles of temperament and approaches to learning on Head Start children's school readiness [D]. University of Miami, 2008.

（四）网络资源类

1. Australian Government Department for Education. Belonging, Being & Becoming—The Early Years Learning Framework for Australia., 2009. http://docs.education.gov.au/node/2632.

2. Clark, R. & Kazinou, M. Promoting metacognitive skills among graduate students in education. Retrieved June 20, 2002 at http:// et.sdsu.edu/RClark/ ET640/ RCMKPOPS2.htm.

3. Design—based Research EPSS .http://projects.coe.uga.edu/dbr/enact01.htm. A case study of design—based research for creating a vision prototype of a technology—based innovative learning environment.Ma, Yuxin; Harmon, Stephen W.Journal of Interactive Learning Research (2009): 75—93.

4. National Association for the Education of Young Children. NAEYC Standards for Early Childhood Professional Preparation. http://www.naeyc.org/ positionstatements/ppp. 2009: 11.

5. UK Government Department for Education. Statutory framework for the Early Years Foundation Stage. http://www.education.gov.uk/aboutdfe/statutory/ g00213120/eyfs—statutory—framework.

6. Winnips, J. C. Scaffolding—by—Design as a model for online learner support. Retrieved June 12, 2002 at http://rilw.emp.paed.uni—muenchen.de/ 2001/ papers/winnips.pdf.

后 记

　　自从踏入北京师范大学，师从霍力岩教授，走上学前教育之路，我的人生便展开了新的一页。这本专著是在我的博士论文《学前儿童主动学习关键指标建构与教师支持策略研究》的基础之上，经数年打磨逐渐修改完善而成，值此出版之际，感慨万千。

　　从对学前教育一腔热忱，到经历求学、任教的重重关卡，其间有反思亦有困惑，有收获亦有挑战，凡此种种总会在走进幼儿园的那一刻，被张张无忧的笑脸、阵阵稚嫩的童声冲淡，心中最柔软的地方总会被瞬间击中。就只是单纯地喜欢孩子——在我心中这是天地间最美好的存在——这份情愫支撑我走上讲台，也促使我将其耕植到更多青年幼儿教师的心中，静待他们珍视每一个孩子，用心呵护孩子们无比珍贵的童年。感谢学前教育学的学习研究历程，让我能长时间地接近孩子，并有更多机会像孩子一样感受和爱这个世界。

　　在这条洒满阳光和幸福的路上，感谢一路上遇到的良师益友和同道中人。首先感谢我的恩师霍力岩教授，多年来，是她的言传身教、悉心指导鼓励、鞭策我的每一点进步；是她时刻相伴，温柔相待，鼎力扶助我的每一步提升。无论学术研究还是实践教研，无论科研之困还是人生疑惑，导师总是那个在我身后默默支撑却给予了最大支持的温暖力量！学生何其幸哉！其次，感谢北京师范大学珠海分校王建成教授在教学、科研、实践等工作的各个方面给予我的充分信任与支持。南国北师任教的近十年成为我个人成长历程中收获颇丰的一段时间，这其中王建成教授无疑是对我帮助最大的恩师，他的学识修养与人格魅力使我更加深刻地体悟到为师之道和豁达人生的要义。再次，感谢珠海市华发容闳幼儿园的李毅园长和老师们，书中的教师观察记录均来源于华发容闳幼儿园的无私分享，是容闳沉淀多年的办园理念和教师卓越的专业素养，以及对我本人的充分信任，才使得我从老师们的实践经验中汲取了大量营养，并最终促成了本书的出版。最后，感谢学术之路上的兄弟姐妹，房阳洋、姜珊珊、黄爽、高宏钰、孙蔷蔷、周彬等同门，一路相伴，我们成为最懂彼此的一群人；相互扶持，我们成为胜似家人的一种依靠。谢谢你们。

最后，特别感谢一直以来关心支持并为本书出版提出宝贵意见的李东老师，感谢责任编辑孙冬梅老师所做的大量审校编辑工作，感谢教育科学出版社学前教育分社赵建明社长对本书出版过程中给予的直接帮助。还有许许多多帮助过我的老师、园长和孩子们，在此无法逐一列举，一并深深感谢。

撰写和修改本书的过程，也是我的女儿米兰出生和成长的十年。"主动学习"是本书的核心，也愿其能成为女儿积极学习品质的一部分，这将是对我作为"研究者"和"母亲"的最大回报。

笔者自知水平有限，疏漏与不妥之处，恳请读者批评指正。

陈雅川

2023 年 9 月 10 日